高橋信次

心眼を開く

あなたの明日への指針

光

法は大自然の心なり
人はこの法を持って
思念と行いとせよ

高橋信次

て一元的に計られている現実は、かつて以上に、人々の目を数字や目に見えるものだけに釘づけにして、根深く唯物主義、拝金主義の流れを強めていると思えるからです。

人はみな永遠の生命を抱く魂の存在――。この現象界に生まれ落ちた魂たちは、誰もが環境、教育、思想、習慣という人生の条件を引き受けて、それぞれの道を歩む。そしてその経験を通じて心の歪みを正し、人生の目的と使命に目覚めて、それを果たそうとする。現象界は、魂の修行所である――。

高橋信次が示した、この人間観・人生観は、私たち人間の本質が内なる魂にあり、その経験と成長こそ、人生の意義であることを教えています。

生まれる時代、国と地域、肌の色、民族、性別……。私たち人間に様々なあつれきをもたらしてきたそれらの違いの基に、魂という変わらぬ本質が息づいている。魂という次元こそ、それらの違いを、この世界を生きる人生の条件として、根本的に相対化し得るものではないでしょうか。

いかなる人生の条件を引き受けようと、魂の尊厳は変わることなく輝き、それぞれのかけがえのない人生の目的と使命を果たすことができる。そして、それだけの力を抱いているのが一人ひとりの人間なのです。

一九七六年、私との魂の邂逅《かいこう》を果たしてから、父はますます神理を求める想いを研ぎ澄ましていました。「督促状《とくそくじょう》が来ているんだ。もう還らなければならない」。そう言いながら、それまで以上に一途に歩み続けたのです。

医師からはとても無理だと止められながら、それを押して赴いた東北での最後のセミナー――。

「佳子、ぼくは行ってくるからね」

ほほえみながらそう言って出かけていった父の顔を忘れたことはありません。

神理のこと、魂のことを一人でも多くの人々に伝えることができて、それを生きてもらえるなら、命に代えても少しも惜しくはない――。そんな覚悟のすがたでした。

そしてその晩年の父がいつも語っていたのは、人間の心が本当に変わることの素晴らしさ――。数え切れないほどの奇跡の現象を現した父でしたが、父の心にあったのは、その一つのことでした。

「本当の奇跡っていうのは、人間の心が変わることなんだ。それを忘れちゃいけないよ……」

それは、私にとって、何よりも守らなければならない、父からのバトンであり続けています。

人間は永遠の生命を抱く魂の存在――。

では、私たちが、魂としての人生を生きるためにはどうすればいいのか――。そのための道を同志の皆さんと一緒に築いてきたことは、その約束に応える歩みであったと思っています。

今、GLAをはじめ、私の周囲には、神理を学ぶだけではなく、それを実践して新たな現実を生み出す人々があふれています。

故あって心に傷や歪みを抱えた人々が、生まれ変わったようにそこから自由になって新しい人生を生き始める。試練に呑み込まれ、身動きが取れなくなっていた人々が、「試練は呼びかけ」と受けとめて、新しい次元に踏み出してゆく――。

このような現実こそ、父が何よりも願っていた現実であり、思い描いていた未来であったと私は確信しています。

高橋信次が開いた「魂の道」は、今も現在進行形で続いているのです。

この新装版となった「心と人間シリーズ」を手に取られた読者の皆様が、その「魂の道」を継ぐお一人となることを、父はどれほど待ち望んでいるでしょう。それぞれの人生において、それぞれの生きる場所で、ぜひ、その一歩を踏み出してくださることを願ってやみません。

高橋佳子

二〇一三年　六月

はしがき

私はこれまでさまざまな角度から本を書いて来ました。これからも書きつづけます。本を書く目的は、社会のより多くの方々に人の心の偉大さ、尊厳さを知っていただき、その心で現実の生活をしてもらいたいからです。

苦楽の原点は、私たちの心の在り方にかかっています。あれが欲しい、これが欲しい、あいつが憎い、負けてたまるかという心は、肉体の五官から生まれてくるものです。肉体五官に心が動き、心が外にのみ関心が移ってきますと、ものの本質を知ることもなく、争いや欲望がつのってくるものです。

現実社会をみて下さい。物質至上の考えが大手を振ってのし歩き、高度経済成長の名の下に、人びとは物の渦の中に巻き込まれていきました。その結果はどうだったでしょう。公害、インフレ、物不足、そして、人びとの心は荒み、エゴと争いが巷《ちまた》にあふれ出ることになりました。

歴史は繰り返すといいますが、人が物にとらわれ、五官六根に心が片寄り、自分を失って来ますと、残るものは苦しみ、悲しみだけとなります。人類の歴史は、五官におぼれた苦楽の歴史といっていいようです。

人が苦楽の中におぼれるかぎり、人も社会も安らぎあるものとはなりません。心の不安は心を外に向け、それにとらわれ執着すると起こるのです。安らぎは、心を内に向け、法に適った反省の生活から生まれてきます。この道理は、私たち人間が大自然という環境の中で生かされ、生きている限り、過去、現在、未来を通して変えることの出来ないものなのです。

私は、自然の掟である法というもの、そして現実の社会に現われているさまざまな矛盾を、いろいろな角度からこれまで述べて来ましたが、これからも述べてゆくつもりです。

本書は、私の人生で体験した神理をもとにして綴ったもので、人生に疑問をいだいている方なら、きっと理解されてくるものと確信します。さきに出版した『心の指針』では、自然が教える正しい法について、もっとも原理的な事柄を記述して来ましたが、今回は、現実生活の生き方を中心に、さまざまな諸問題にふれました。これらは主に講演会の際に、皆さんから質問をうけたものです。問答集は出来るだけ多くの事柄を挙げてゆきたいと思いましたが、紙面の都合もあってそれが出来ず、また次の機会に問答集だけのものをまとめたいと考えております。また、第三章の「ひびき」は、仕事や講演のちょっとした間隙に脳裡に浮かんできたものをメモしたものです。

読者の皆さん、私がここで書いていることは皆さんの生活に安らぎを与えるものです。自分の生活を整え、健康で明るい生活を求めたいならば、自然にそった生活をしてください。

なお筆者の考え方に共鳴される人びとが、正しい生活実践のためＧＬＡ（神理の会）という組織をつくっています。関心をお持ちの方は下記にお問い合わせください。

一九七四年六月吉日

高橋信次
東京都台東区雷門二—一八—三
ＧＬＡ
電話〇三—三八四三—七〇〇一

●目次

第四章　正法について　237

第五章　用語解説　267

第一章　般若への道

人生と悟り

正法流布のスタート時は、わずか二、三人でした。それがひと月たち、ふた月たつにしたがって、人びとがふえ、普遍的な心について一人一人が発見してゆくようになりました。

人間がこの地上界に出生する以前は、次元の異なった世界に存在し、さらにそれ以前には現在と同じように肉体生命を持って生活していたという事実は、皆さん自身の心の窓をひらいたときに、それを知ることができます。

このことは物質界をみると非常にはっきりします。一枚の紙には表と裏があります。つまり陰陽二面性を持っており、その陰陽二面性はそのまま調和につながり、一枚の紙を存在せしめているのです。私たちの肉体についても魂という普遍的な生命と同居し、生活しているのです。死は肉体と魂の分離であり、肉体は土となり、魂は次元の異なる世界に帰っていきます。紙は灰になり、土になり、エネルギーとして大気に戻っていきます。

仏教では色心不二ということをいっています。物理学では、質量と光の積は仕事をなし得る能力と説明しています。そのいわんとするところはともに同じです。

私たちの普遍的な生命は、実在界という四次元以降の世界よりこの地上界に、自分自身が望んで両親を選び、経済的に豊かな環境に生まれるのも、不調和な環境を選ぶにしても、それぞれが望んで出てきているのです。出生の目的は、己の魂の向上であり、調和にあります。物質経済は生きるための一つの手段にすぎません。地位や経済の多寡《たか》によって人格が定まるものではさらさらありません。ところが人間は、自分自身の知恵に溺れ、物質経済の奴隷と化し、争いと闘争を生み出しています。

私たちの魂は、この地上界に出生して来るときにはほとんどが、あらゆる転生輪廻をくりかえし、神の子として、偉大なるまるく大きい豊かな心を所有していたのです。

人間の五体は、母親の胎内で約三カ月目ぐらいでほぼ形成されます。各人の魂はその時分になると、はじめてその胎児の中にはいり、人生航路の肉体舟について確認をします。この頃は母親につわりという現象が出ます。つわりは母親の意識と胎児の意識のズレが原因です。胎児への入魂は、各人が自ら望んだものです。かくて十月十日、母親の腹の中で成長し、出産と同時に、各人の魂は、実在界あの世と断絶します。出産はあの世からみると死です。

乳児は一週間ぐらいたつと、教えないのに笑顔をみせます。これは実在界にいる魂の兄弟や友だちが、乳児の前途を祝福したり、はなむけの言葉に対する応答なのです。厳しい物質文明の奴隷と化さぬよう、病める諸々の衆生を救う目的を果たすために、乳児の魂は笑顔をみせるのです。

私たちが小学校を出て中学に、高校、大学に進み、社会人として巣立つときには、社会のため己のためにと、希望をもって出ていくように、出産の場合も、百人が百人、こうした気概をもって出てくるのです。ところが成長するにしたがい、自己保存が育っていって自我の虜《とりこ》になってしまう場合が非常に多いのです。

自我心の芽は、肉体舟の五官（眼、耳、鼻、舌、身）によって培われていきます。偉大なる仏智は次第に遠のき、闘争と破壊という不調和な環境をつくり出していきます。人類の歴史は調和の日々より、暗闇の歴史といってもいいのです。

現代は資本主義と社会主義の二大思想が対立し、神の子としての本性は、いつのまにか、物質文明に集中され、武力は資本力に支配され、労働者は団結してこれに立ち向かうという争いの場を生み出しています。争いの根本は、すべての規準が物質経済におかれ、人間信頼という出産時の約束を忘れ去ってしまったからにほかなりません。

しかしともあれ、私たちの一切の苦しみの根元は、他人でなく自らの肉体の船頭さんであるところの魂、己自身の心なのです。喜怒哀楽を生み出すものは、すべて自分の心です。仏教やキリスト教は、このことを教えてきたのですが、いつのまにか他力本願になってしまい、自分は楽して神に祈れば救われるという間違った方向に進んできてしまったのです。

各人の心の中をひもといたときには、あるときは偉大なる王として多くの人びとを支配し、またあるときには、最もきびしい奴隷的な環境のなかで修行して帰られた人もあります。円には始めもなければ終りもないように、私たちの生命はあらゆる体験を積んで、現在地球上という環境のなかで、その本性を悟るべく修行しているのです。

ものにはすべて原因と結果というものがあります。苦しみや悲しみ、病気にしても、そこには必ず原因があるものです。そこで、その結果を修正するには、まず原因を追究し、その原因を正道に戻さなければなりません。原因をそのままにしておいては、結果の好転は望むべくもないのです。いびつな心が不調和な結果を生み出しているのですから、本来のまるく大きな心にすべく、その原因を、正道という物差しによって一つ一つチェックし、以後そのような原因を作らないように努力することです。

今から二千五百有余年前に、正法神理が説かれています。正法神理にそう生活は、中道という物差しで、原因をとりのぞく反省の行為を怠らぬことである、と。また二千年前にもイエス・キリストが愛を説き、愛に生きるには、まずその罪を懺悔《ざんげ》することであるといっています。反省も懺悔も、ともに同じです。仏教では反省を止観といっており、禅定の基礎も、中道に照らした反省にありました。

中道に照らした反省とその行為が生まれてくれれば、間違った原因がとりのぞかれたことなのですから、神の光がふりそそがれ、現象生活は自然と整ってくるのです。本来与えられていた慈愛の光を、自らの力によって心のスモッグを取り去り、再びうけるのです。

偶像崇拝や祈りによって心の安らぎがあると思う人がいるとすれば、それは逃避的なものであったり、自己満足、自己欺瞞である、といっても過言ではありません。他力では決して人は救われることはできないのです。

次に大事なことは足ることを知った生活です。足ることを知らないがために争いが絶えないのです。足ることを知れば、自分一人がこの地上界に生きているのではないのですから、感謝の心も生まれてきます。この自然界は、万生万物が相互に関係し、依存しながら生活しています。空気があり、水があり、大自然があればこそ、各人の肉体は保全することができるのですし、自然界のこの大慈悲に対して、我々は、無条件に感謝する心が生まれてくるはずです。感謝の心は、行為によって人びとに尽くすこと、社会に還元することです。感謝は報恩という輪廻によって、はじめてその意義が見出され、実証されてくるものです。世の中には感謝、感謝と言いながら、行為という勇気に欠けている場合が多いですが、報恩は、行為という勇気なしには実を結ぶことはないのです。

形あるものは崩れ去っていきます。全ては無常です。現在健康であっても、いつの日かその肉体は朽ち果て、やがて我々は実在界、あの世に帰らなくてはなりません。一切の責任者は自分であって他人ではないのです。自分自身がすべての根本です。それゆえ、人はあの世に帰っても個性を失うことはありません。物理学の法則と同じように、等速度運動をしながらあの世に帰っていきます。病気で苦しんでこの世を去り、その病気の原因を追究せずして肉体舟が破壊されあの世に帰ったときには、その病気の状態であの世に堕ちていくのです。

肉体はあくまで人生の乗り舟です。私たちの普遍的な肉体の船頭さんは魂であるということを知っていれば、肉体にまつわる執着は離れていくものです。そのときの私たちは、平和であり、その心に比例した世界に昇っていくのです。

思うこと、行うことは、神によるところの善なる己の心の裁きにあっているのだということを知らなくてはなりません。それだけに、毎日毎日の、一秒一秒の心と行いの在り方が、真実に適ったものでなければならないのです。

ゴーダマ・シッタルダーは、六年の苦行の末、三十六年間の過去を反省します。一週間の反省ののち、一切の苦しみというものは自分自身がつくり出し、苦しみから解放されるには、苦しみの原因をつくらないようにすればよいことを発見していきます。そうしてその後、四十五年間この神理を説き、それは後に中国に渡り、日本に伝わりました。現代は、偶像を拝む他力にかわり、信仰は形骸と化しています。葬式仏教、観光仏教、学問仏教が今日の仏教の姿となってしまいました。

しかし、人間の心というものは、決してそうした形骸化されたものではありません。一秒一秒の生活、心の在り方が信仰であり、勇気をもって修正する己自身に、すべてが託されており、悟りの彼岸も、八正道という正道を行じるなかにあることを知らねばならないのです。出産時を思い、悔いのない一生を送られたいと思います。

（この稿は昭和四十七年四月九日、八起ビルでの講演の要旨）

般若波羅蜜多への道

私は十歳の頃から霊的な体験が起こり、爾来《じらい》三十二年の間、心と物質について追究してきました。その結果、ようやく、問題の核心に触れ、人の魂が転生輪廻の過程をふんで、永遠に生き続けていることを悟りました。心の窓を開いた同志は東京ばかりでなく、関西方面においても同様な結果となって現われています。

心の窓というものが、なぜ開かれるか。転生輪廻の自覚は、今日の演題である般若波羅蜜多への道であります。

般若波羅蜜多とは、本来、今から二千五百有余年前のインドの言葉であるパニャー・パラミタが、その語源です。中国に渡って当て字となり、般若波羅蜜多となったのです。文字の上からこれを解釈しようとしても、正しい解釈は出てきません。十人十色の解説が生じるのも無理はないのです。

般若とは偉大なる智慧であります。知識と智慧は別物。波羅とは行くということ、到達するという意味です。蜜多とは、内在された智慧の宝庫を指しているのです。

般若波羅蜜多を得るにはどうすれば良いか。通常は理解に迷います。それというのも、仏教の長い歴史の中で作り出された学問、哲学という知と意によって、その解釈が塗り替えられてしまったからです。

般若心経は学問からでは理解できません。なぜかというと、般若心経は、心の在り方と行い方、空《くう》の実在の世界と色の現象の世界について説いているからなのです。

私たちは、まず自分自身が行じ、正しい心の物差しを通して、生活を正してゆくことです。偉大な智慧は、そうした心と行いによって生まれるものであり、般若波羅蜜多の境地は、そうした過程のなかから作り出されて行くのです。

ところが般若心経の中には、般若波羅蜜多への道が説かれていません。周知のように、観自在菩薩行深般若波羅蜜多時という言葉が冒頭に出てきますが、これを棒読みで観自在菩薩が深く般若波羅蜜多を行じたときということになると、その意味が、全くわからないものになってきます。

人生の目的は、般若波羅蜜多であり、それこそ私たちにとって重大な意味を持つものでなければなりません。

私にとって、仏教、キリスト教は全く無関係であり、学んだことがないのです。しかし八正道という大自然を尺度とした心の物差しを通して、日々の生活をして来たときに、自らして心の窓が開かれ、テープ・レコードされた自分の転生輪廻の過程が、ひも解かれてきたのでした。

私は最初、なぜ私の家庭や周囲のみに、こうした現象が起こるのであろうかと、疑問に思いました。しかし、その後、こうした現象の輪が広がることによって、多くの人びとの心の中にも、魂の永遠不滅を証明する転生輪廻と、その神理の種が蒔かれていることを知りました。また、学ばないのに偉大な智慧に到達出来るのは、心の窓がひらかれ、過去世を思い出すことによって、過去世に学んだその智慧が現われるのであるということを知りました。心の窓は、八正道にもとづく実践によって開かれます。そうした人びとが数多く出て来ています。

もっとも我々のグループの中には、キリスト教、仏教を学んで来た人もいます。それらの人々の知識と、心の窓をひらいた人々の転生輪廻の事実が、全く符合していることは、魂の永遠性を証明する好個の資料になっています。

霊道現象は、聖書の中の使徒行伝第二章と、華厳経十地品に記録されており、その記録がまったく事実であり、現実にも起こっているのです。「私は、いつどこで生まれ、兄弟が何人いて、そこで正法を学んだ。そのときの同志、先輩、友人が現在、ここにいる。誰と誰がその人たちです」と、はっきりと実証されます。そうして、その実証を裏づけるいくつかの参考となる現実的事実も指摘されます。

霊道現象は、魂の永遠性を証明する現証の一つです。八正道を学ぶことによって、般若波羅蜜多、つまり内在された偉大な智慧がひもとかれて行きます。

私たちがこの地上界に生まれてくる前は、どこにいたか。次元を超えた、俗にいうあの世といわれる実在界、空《くう》の世界から、両親を縁にして生まれて来たのです。生まれてくるときには、生まれてくる環境、自分の将来というものを考えて出てきます。しかし、この世の経済、地位、名誉というものは、あの世では無関係であり、自分の魂の進化にとって、どの環境が一番適しているかを考えて出てくるわけです。あの世では、人の心は表面に出ているので、お互いに嘘をつくことはできません。だいいち、すべてにおいて調和されており、相手の考え、思うことがわかってしまいます。ところが地上界に出てくると、神の子としての自覚を失い、環境にふり回され、動物以下になり下がってしまいます。人類の長い歴史は、こうしたことが原因となって、地獄界をつくって来ました。つまり地獄の心を持った人間があの世に帰り、地獄界をつくっていったのです。この地上界は、そのため、天国と地獄がミックスされた世界となり、その中で自分自身を修行するという状況をつくり出しているのです。

人間の心の針は、三百六十度の無限の方向に向かうように出来ています。自由な心を持っているのです。その自由な心が、うらみ、ねたみ、そしり、いかりというような自己保存、自我我欲、自分さえよければいいという想念にとらわれてくると、私たちの心は、もっとも不安定な地獄界に通じてしまいます。同時に、自由な心が自由でなくなってくるのです。地上界の混乱は、こうしたことが原因となって生み出されています。

物質文明は、人間の生活の知恵が作り出したものです。その生活の知恵に、自分自身が束縛され、物質文明の奴隷になっているのが現実の姿であります。よく考えて下さい。人は生まれてくるときに札束など持ってはきません。死ぬときにも持ってはいけません。この世からあの世に帰るときは、人生において体験した想念と行為しか持参出来ないのです。

私たちは、この肉体という舟に乗ると、わずか一〇%の表面意識で人生を経験する宿命を負っています。それは、自分の魂を磨くためだからです。地上界は学習の場です。あの世で学んだことを自分で自分をテストする貴重な場所がこの世なのです。神の子が、自ら選んだ環境に対して、どこまで振り回されないで済んでいけるか、それをテストするのがこの世なのです。ところが、大半の人は煩悩に苦しみ、自分を失っていってしまいます。

皆さんはこの会場に来るまでに、ある者は新幹線に乗り、ある者は電車に、自動車に乗りついで来られました。乗り物である電車、自動車は変っても、皆さん自身は少しも変らないように、皆さんの魂と肉体舟についても同様なのです。つまり、あるときには中国に生まれ、あるいはインドに、エジプトに生まれ、そして現在、日本に生まれているのです。そして、より良い自分の心をつくるための学習をしています。

こういうことを皆さんが真剣に考えていったならば、神の子としての自覚も、自然に湧き上がってくると思います。大自然界を眺めると、万生万物は、それぞれ相互扶助の下に安定した姿を示しています。人間だけが、万物の霊長にもかかわらず、その相互関係を破壊しつつあります。自分の首を自分でしばっているのです。

物質文明に翻弄されると、心の中にスモッグが生じ、次元を超えた光の世界からの光が通らなくなります。つまり自我我欲の狭い心は、光の道を閉ざすことになるのです。病気や事故、不幸の原因というものは、こうした自己保存にあることを知らなくてはなりません。

般若波羅蜜多への道は、自我我欲の狭い心を、神の子の広い心に、方向転換することであります。肉体想念にとらわれない自己を確立し、自然の条理にもとづいた八正道を、生活行為の中に生かすことによって、ひらかれてゆくものです。

私はそのことを、三十二年の歳月を経て、はじめて、知ったのです。

（この稿は去る昭和四十八年一月四日、東商ホールでの講演の要旨）

魔に負けるな

昭和四十三年三月、霊的な現象が私の家に起こってから、はや四年になります。神理の法灯はようやく全国各地で火の手を挙げてきたようです。人間は、神の子としてこの地上界に目的と使命を持って生まれて来たことは誰の心にも内在されており、不調和な現代社会にもまれながらも、心の琴線に触れるならば、当然、そうした自覚がよみがえってくるものです。

インドの時代ゴーダマ・シッタルダーが説いた神理は正しく伝えられました。それが、時が経つにしたがって、心を失い、こうであろう、ああであろうと知と意が先走り、学問哲学化されたのです。神社や仏閣の前に行って、一所懸命お経を上げれば人間は救われるという馬鹿げたものに変ってしまいました。ことに、中国に渡ってからそうなりました。中国は長い間儒教が盛んであり、そのために、仏教も哲学化されたということがいえましょう。

仏教が中国に渡ったのは二世紀頃であり、そうして五世紀になって広がりました。天台宗を開いた天台智顗《ちぎ》という人は、法華経を南岳慧思のところで学びました。南岳慧思は、毎晩夢の中でミロク菩薩から教えをうけ、法華経を伝授されてゆきます。そうしてその伝授されたものを陳少年、のちの天台智顗は、仏教は行いである、行為のない神理は神理ではないとして、三十七歳のとき、天台山というところに移り、法華経を説いてゆきます。当時、経文は声魂《こえだま》を通して、己の心を調和しようとしたものです。つまり韻《いん》声《せい》という法を採用したのです。

九世紀になると最澄が中国に留学し、天台山で八カ月ばかり学び、比叡山延暦寺に天台宗を開きました。同年代に空海が一緒に中国に渡りましたが、支那海で台風に遭い、纜《ともづな》が切れたため別のところに漂流し、ウータイシャンといわれる五台山で勉強します。二年近くいて密教を日本に持ってきて高野山でそれを説きました。しかし密教は仏教ではありません。仏教は誰にも理解できる、広く、明るいものなのです。密教の源流は瑜《ヨ》伽《ガ》であり、己一個の自覚のみを求める小さな悟りといえましょう。中国から日本に伝わってくる過程を像法時代といい、仏陀の教えに知と意が加わりました。このためさまざまな教えが仏教化され、儒教以外のものも、みな仏教にされてしまいました。

正法の時代は、実在の世界（あの世）から光の天使が、かつて説いてきたその神理を再び元に戻すために、塵を払うために来る時代です。いわば末法という時代でもあります。イエス・キリストがそうでした。モーゼの十戒はすでに千年余も経て、モーゼの精神は知と意に変り、心の規準を失い、十戒は悪い因習を持ったものに変っていました。イエスはその精神をよみがえらすために地上に出たのですが、反対にその抵抗をうけて、神理を説くことが出来ず、年若くして、この世を去らねばなりませんでした。モーゼの十戒は、イエス・キリストが実在界でモーゼの協力者として示した教えだったのです。

実在界から来るところの光の天使たちは、あらゆる危険を冒して、かつて自分が説いてきたものの塵を払いに地上に生まれて来ますが、かえってそれに災いされてしまう場合が多いのです。インドの時代の、ゴーダマの説いたブッタ・ストラー（正法）も、また同じことです。今から約四千二百年ほど前に、エジプトで説いたその神理がインドに渡り、バラモンの経典に変っていました。ウパニシャード、ヴェーダーがそれで、やはり哲学、学問に変っていました。ゴーダマ・シッタルダーは、そうした古い陋習《ろうしゅう》を破るために使命を持って実在界から地上に生まれたのです。

こうした光の大指導霊は、古い因習が受け継がれている環境には決して出てきません。なぜならその因習にひきずられ、同じ間違いを犯してしまうからです。あくまで第三者の立場に立って、その中から人生に対する疑問を見出し、やがてパラミタ（仏智）にめざめ、衆生を導いていかなければならないからです。

正法が出るときは、文証、理証、現証の三つをもって出てきます。そうして、迷っている衆生に、人間としての使命と目的を悟らせていくのです。

正法が流布されていくときには、必ず魔というものが競い立ちます。邪魔をします。

正法が流布されると、彼らの地上における、いわば生活の場を失うからです。彼らは暗い世界で地上に人間として出られぬために、生きた人間を通して、その欲望を満たそうとしているのです。自分さえ良ければハタはどうでもいい、という彼らのそうした想念は、現在、この経済社会において、さまざまな形で現われています。物資の独占、企業本位、労使間の闘争、怠惰、公害等々、私たちは魔王の跳りょうに負けてはならないのです。

ゴーダマが己を悟る寸前にパピアス・マーラーが眼前に現われました。ゴーダマの心を攪乱《かくらん》し、迷わすためでした。もしゴーダマが悟り、人間は神の子であるということを知ってしまうと、ゴーダマの縁につながる人びとの心を支配できなくなり、争い、不信、独占、裏切りなど、彼らはその欲望を満たされなくなってしまうからです。魔はその後も、ゴーダマの教団内で暗躍を重ねます。弟子たちの心の中にはいり込み、手を替え、品を替え、ゆさぶり続けました。

イエスのときもそうでした。十字架はユダの反逆によりましたが、しかしそれ以前から、さまざまな妨害がイエスの身辺におこり、常に薄氷を踏む毎日であったのです。

モーゼの場合も、外部からの直接攻撃が終ったと思うと、こんどは内部から動揺がおこり、神を信ずる人びとの心が攪乱されていきます。

魔界に住むあの世の地獄霊は、いったんその淵に沈むと、人間として地上に生まれてくることができません。そのために、彼らは常に、苦悩といらだち、焦燥と背徳の間を呻吟し、スキあらば人間の心に食い入り自己保存の欲望を果たそうと躍起になるのです。彼らにとって正法は大敵なのです。正法が地上に浸透しては、人の心をあやつり、地上での欲望が果たせない。すなわち、彼らは、地上での生活の場を失うことになるのです。

人間を含めた物質界は、光と影の両面を保ちながら維持されています。これは物質界の宿命といってよいでしょう。このため人の心も光と影が投映されるように仕組まれ、一念三千の心はどこへでも通じるようにできているのです。別ないい方をすれば、人の心は、天使と悪魔の両方を合わせ持っているということです。そのために、天使のような清い心の持主が、一夜にして悪魔の支配下におかれることだってあります。肉体人間は、その意識の一〇%しか働いていないため、こうしたことがしばしば起きるのです。

魔の誘惑はなにげない会話のなかから入りこみます。「大変ですね、そんなに働いて体でもこわしたらどうします。奥さんがかわいそうです」。人から言われて、それまで何とも感じていなかったその人は、「そうかな、働き過ぎかな、家内が不満をいだいているかな……」そう考えて、仕事をセーブし、ものの見方を変えてゆきます。そうしてそれを契機として、素直な心に影を落としてゆく人も出てきます。

魔は、自分の心にあります。したがって内から外に、外から内にむかって、常にゆれ動くものです。指導者が誤った方向に動くと、多くの人びとは迷い苦しみ、魔の支配下におかれてしまいます。

魔に打ち克つにはどうすればよいか。それは中道の心しかないのです。中道の心は大自然が教えています。太陽の熱、光に強弱はありません。空気に増減はありません。一日は昼夜の別があって、決して一方に片寄ることがありません。だから、この地上に生命が生かされ、調和という環境が与えられているのです。正法の目的は中道であり、私たちの心も肉体も、片寄らない、中道が必要なのです。それには、まずものの見方から中道にそうようにしなければなりません。自己の立場を捨て、客観的に見る目を養うことが大事です。置かれた立場に固執し、欲望のままに見るクセを持っていては、魔の支配下に置かれてしまいます。

どんな場合でも、自然が教える正法を尺度としての、正しい見方、判断、思いを忘れてはなりません。正法とは、大自然が教える中道の神理であり、一切の尺度はここにあることを銘記すべきです。

（この稿は去る昭和四十八年四月一日、忍岡中学校講堂での講演の要旨）

殺生

人間がこの地上に生存するかぎり、最少限度の殺生は、まぬがれないものです。パンを食べてはいけない、魚を獲ってはならないとすれば、人間は餓死するほかはありません。洋の東西を問わず、また昔も今も、神の道に参ずる者、悟りを得ようとする者のなかには、肉食は殺生の最たるものとして、これを忌避する風習がみられます。動物を殺す、動物を食べることとは、万物の霊長である人間のなすべき行為ではない、ということがそもそもの理由のようです。

　では、植物は生きものではないのでしょうか。植物なら、いくら食べてもさしつかえないものかどうか。生き物という点では、植物も立派な生物なのです。植物にもそれぞれの精霊が住んでおり、人間がその気になりさえすれば、植物の精霊は、人間の言葉で、人間と同じように話もし、喜怒哀楽の感情すらみせるものです。その精神作用は動物以上ですらあります。動物と植物との相違は、見た目が、静的であるか動的かのちがいだけです。どちらがよいの悪いのという区別は本来なにもありません。

　昔の出家僧は妻帯を認めなかったようです。妻帯は煩悩を刺激するからというのがその理由のようです。さらに、食べ物も制約しました。栄養価の高いもの、動物食はいっさい口にしません。なぜこういうものを口にしなかったかといえば、こうしたものは本能を刺激しやすいという生理的理由があったようです。妻をめとらぬという前提に立てば、その前に、食べ物を制約しなければならなかったからでありましょう。

　こうみてくると動物食はいけないとする思想も、その根拠をたぐれば、実は、こんなところにあったのではあるまいかと思われます。生物界の殺生というものは、本当は自然の摂理なのです。土の中に住むバクテリヤ、何百何千という虫の生態をみるときに、そこにはいかにも悲惨な姿が演じられていますが、そのくりかえしは、自然を維持し、生物間相互の生存を助けているのです。肉食と草食動物の比というものは、常に一定に保たれています。もしも肉食動物が減り、草食動物のみとなれば草木の生存は失われ、草食動物の生存すらおぼつかなくなってきます。人間は、動物界の生態をみて、人間もかくあるべしと断定しがちですが、無益な殺生はしてはならないのです。人間をのぞく、昆虫をふくめた動物界の生存競争は、決して、不必要な殺生をしてはいません。生存に必要なものしか、彼らは獲っていないのです。もしも、必要以上にそれを求めれば、やがては、自分の糊口をふさぐことを彼らは知っているのです。しかし本当は彼ら自身ではなくて、自然がこれを監視し、コントロールしているのです。

私たちが、植物にしろ動物にしろ、それを口にするとき、いちばん大事なことは感謝の心を持つことです。そうすることによって、彼らの地上での目的も使命も果たせたことになるからです。

供養

供養というと、昔から仏とか、先祖の霊に物を供えることのように思われているが、本当はこれでは供養にならないのです。供養の意義は「先祖の霊よ安かれ」とする子孫の祈り心でなければならないからであります。物を上げ、それで〝よし〟とする考えほど安易なものはない。私たちが現在こうして肉体を持って生きていられること自体、それぞれの先祖が私たちを生み育ててくれたからであり、それにたいする感謝の心は、報恩となって形の上に現われてこなければ意味がありません。供養の真意はそれゆえに、まず家庭の和合、調和にあるといえるのです。

人間の霊魂は、死という肉体機能の停止によって、あの世で生活をはじめます。世間の人は、肉体が灰となれば人の魂まで無に帰すと思っていますが、それは間違いです。人間の予知能力、天才児、霊の存在については、その例は枚挙にいとまがないし、こうした諸現象は人間である以上誰しも備わっています。また知ることも出来ます。こうした諸現象は、すべてこの世の人の心と、あの世の霊とが作用しておこるものです。魂の永遠不滅と、転生輪廻ということも単に人間の願望としてではなく、事実として存在するのです。あの世は三次元ではなく、四次元以上、多次元の世界であり、それだけに、普通はある人には認知できても、ある人には全然わからぬということもあり得ますが、だからといって否定できるものでは決してないのです。法事で物を供えることは、本来、気休めにすぎませんが、死ねば無になると思いながらも、物を供えるその心をたしかめたことがあるでしょうか。

　家庭の和合、調和が先祖の最大の供養という意味は、あの世に帰った先祖の霊が、その子孫の家庭をたえず見守っており、もしも先祖の霊が地獄に堕ちて自分を失っていたとしても、子孫の調和ある家庭をながめることにより、己自身の不調和を改め、その霊をして昇天させる原動力となるからであります。子の幸せを思わぬ親はないはずです。しかも、その子が親より立派であり、家庭が円満に調和されていれば、親は子に励まされ、その子に恥じない自分になろうとするのは人情ではないでしょうか。あの世もこの世も、人の心に少しもかかわりはないのです。もちろん、なかには例外がありましょう。

地獄に堕ちれば文字通り苦界にあえぎます。類は類をもって集まるの喩《たと》えで、その霊は自分と同じ思想、考えを持った人に助けを求め、いわゆる、憑依作用となって人の体、実際には意識に憑いてしまいます。すると憑かれたその人は、病気をしたり、自殺したり、精神病になったりしてしまいます。

地上が調和されると、あの世の地獄も調和されます。あの世とこの世は、いわば相関関係にあって、個々別々に独立して存在するものではありません。先祖の供養というものは、このように、まず個々の家庭が調和されることであり、調和こそ最大の供養ということを知って頂きたいと思います。

宗教と科学

宗教というと、いかにも抹香臭く念仏をあげたり、経文を学ぶことのように思われていますが、そんなものではありません。宗教の目的とするところは人間の心を知ることであり、その心がわかれば自然の理も明らかとなり、人間としての在り方、安らぎが生まれてくるものです。俗に、安心立命ともいわれていますが、この言葉の意味よりも実はもっと深く、広いものであり、己自身の調和と同時に、地上の調和をはかるものです。したがって、この目的から外れたものは宗教とはいえません。いたずらに殿堂をつくり、信者をふやし、我こそはと反り返るものがあるとすれば、それは宗教の本旨から遠く離れたものであります。

一方、科学の目的は、自然の解明にあると同時に、地上の調和（生活を豊かにする……）に役立つためにあります。化学にしろ、物理学にしろ、自然の不思議を究明し、人間生活をより豊かにエンジョイするためにあるのです。

宗教と科学――。この両者は一見異なった世界、次元のちがう分野のように思われますが、その目的を分析解明してゆくと、全く軌を一つにするものであることに気づきます。宗教も科学も、この人間社会をより進化させ、豊かにするためにあるからです。宗教は、人間の心を解明（知る）します。科学は、自然の神秘、そのなかから、自然を動かしている、法の存在の発見につとめます。解明します。したがって、そのいきつくところは、ともに同じです。自然を科学すればするほど、その神秘さがわかり、偉大な科学者ほど神の実在を信じるようになります。すなわち自然の解明は、人間の解明につながってくるからです。逆に、人間の解明は、自然の謎を解くカギが与えられます。このように人間と自然というものは、もともとひとつであり、人間と自然を切り離して考えることはできないものなのです。

大自然を大宇宙といい、人間を小宇宙ともいいます。地上の水圏は七一％、陸地は二九％であります。人間の肉体も水分が七一％、蛋白質、燐酸カルシウムなどの部分が二九％です。地球と人体の構造はまったく同じように作られています。また人間が誕生する、あるいは他界するその時間も、女性の生理現象についても、ばらばらではありません。干潮、満潮に密接な関連を持っています。このように科学する心は、そのまま宗教の目的である人間の心、自然の心につながってゆき、大自然の法である正法につき当ってくるものです。

ゆえに、正法神理というものは、物理学でも化学の面から推しても解明されてきましょう。もしも既成の宗教で自然科学の面から割り切れないものがあるとすれば、その宗教はどこかに間違いがあるというべきでしょう。もっとも、地上の科学は正法そのものをまだとらえてはおりません。しかし正法は今日の物理学の範囲内でも、結構うかがえるものです。

神と罰

人間は神仏の子であります。自ら律し、自ら創造し、自ら、この地上を調和させてゆくものです。大自然が調和されているように、人間もまた調和された存在者であります。神仏の子である一つの証明は、己自身にウソがいえないこと、人間の意識は宇宙大の広がりを持つということ。人間の肉体構造が宇宙と同様につくられており、星の数と人間の肉体細胞の数についても、やがて、新しい発見がなされるでありましょう。

では、そうした存在者の集団である地上社会が、なぜ混乱を招いているかです。神の子ならば、もう少し、ましな社会がつくられてもいいはずではないか。まさにその通りです。神の子の社会が、不善の社会をつくる道理はないのです。だが、ここで大事なことをおろそかにしてはなりません。神の子は、自ら律し、自ら創造してゆくようにつくられているのです。大自然を神が創造したように、人間もまたこの地上を創造してゆくのです。しかも人間は、神と同様に、自由な意思が与えられ、いうなればその自由な意思で、どう自分が創造しようと、それは神の子に許された権能なのです。人間が肉体を持ち、個々の生活環境を形づくってゆくと、本来の神の子の神理から離れた創造行為に移りやすくなってゆきます。ここに肉体人間の誤ちがあり、不幸の原因が生じてくるのです。相対観念は、あらゆる悪を生み出し、罪を生み出してゆきます。しかし、天があり、地があり、男女の区別のある相対界であるからこそ、より進化した調和を生み出すことも可能なのです。

これまでの人類史は、調和されていた期間が短かく、不調和を創造してきた期間の方が長く、罪をいろいろ重ねてきました。神の子にあるまじき罪を、悪を、生み出してきたのです。人間は、自由な意思と、自由な創造力を与えられ、それが神の子としての当然の権能として行使できるために、今日の悪をつくってきたのです。

人間の本質はこのように神仏の子です。神仏の子であるがゆえに、その罰は己が償わなければなりません。神仏が神仏を罰することはできません。神仏の子は、神仏そのものであるからです。

神を祭り、仏をあがめ、手を合わせることを拒めば罰が当るとする考えや思想、掟がもしあるとすれば、それはまったく、人間を知らぬためにおこった、いわばある目的をもった団体維持のための自己保存にしかすぎません。神は人間に罰を与えるどころか、不幸な者ほど思いわずらうのが親の情というものであり、神仏の心は人間の心と少しもかわりないのです。――間違っても、神仏が人間に罰を与えると考えてはなりません。

蒔かぬ種は生えぬ、蒔いた種は刈りとることが神理であり、法であり、人間に課せられた天命です。

転生輪廻

俗に、人間の魂が昇華し仏になると、もはやその魂は二度と再び地上に生を宿すことがないといわれていますが、そういうことはありません。そのような説は、もともとヨガ、バラモンがはしりといってよいでしょう。仏教ではそのようなことはひと言もいっていません。仏教の中にもしそのような説があるとすれば、それはインドから中国に渡った際に、ヨガ、バラモンの思想が仏教のなかに混入したためと思えばいいでしょう。彼らは、この世にたいする人間の願いと、階級制度をまぜ合わせ、形のみを追い求めた結果、そのような空想をえがいたものでしょう。

人間の魂は、永遠に転生を輪廻し、その姿はとどまるところを知りません。それはちょうど、太陽の周囲を、地球が自転公転しながら三百六十五日と四分の一の周期で、再び同じ軌道を回転し続けるように、生命の流れ、生命の運動というものは、常に円を描きながら進歩の過程をふんでゆくものなのです。原子の姿も同じです。原子核と陰外電子の両者から成り立ち、原子核の周囲を陰外電子が猛烈なスピードで回転しています。陰外電子が原子核の周囲を回転することによって、原子核の生命、陰外電子の生命が、たがいに相補いながら、生かし続けています。我々人間の五体についても、同様のことがいえます。心臓という五体にとって必要欠くべからざる器官は、五体全体の生命活動を継続的に維持促進するため、昼夜の別なく働いています。すなわち、その生命機能は、各諸器官が十分にその機能を果たすための、新しい血液を送り込んでいるのです。送り出された血液は、各所を万遍なく通って、やがて再び心臓にまい戻り、新しい血液となって各所に散ってゆきます。心臓を太陽とすれば、送り出された血液は、太陽の熱、光のエネルギーとみていいでしょう。そのエネルギーが胃や腸、肝臓、肺臓という惑星に生命を与え、その生命活動を助けているのです。同時に、胃腸や肝臓の働きが心臓の働きを促しています。このように、各諸器官は、新しい血液の助けを借りて、それぞれの細胞集団の新陳代謝を行っており、その新陳代謝は、そのまま細胞の転生輪廻を意味しています。

人間の魂についても同様、この世の生活を終えればあの世で生活をします。水の生命が、気体（雲）液体（水）固体（雪や氷）と三相に変化するように、人間の魂も前世、現世、来世の三世の循環をくりかえすものです。生命というものは、すべてそのように循環という輪廻の過程を通るように仕組まれているのです。この仕組みから外れるわけにはゆきません。釈迦やイエス・キリスト、あるいは悟りをひらいた多くの天使は、地上にふたたび、その生命を宿すことがないといわれているようですが、生命の原則、生命の仕組みを理解するならば、そのような考えは改めなければなりません。

転生輪廻は、生あるものの命であるからです。

調和

「人類の進歩と調和」をかかげたある人の政治目標は、いつの時代にも、新鮮さを失うことはないでしょう。なんとなれば「進歩と調和」は常に古くて新しい、革新とか保守といった思想を超えた、人類の願いがこめられているからです。ここで私が重視する点は、調和ということです。その調和も、一つの政治理念、経済理念を超えたところの調和、人間としてあるべき調和についてです。そうして、人間としてのあるべき調和が実現すれば、人類の進歩は、現在のテンポ以上の速度をもって進むであろうし、世界の平和も期せずして達成されると思うからです。

そこで、人間としての調和はそれではどうあるべきか。何に、調和するかであります。まず、人間は大自然の姿に眼を向けなければならないでしょう。大宇宙という空間、その空間に点在する星雲、太陽、地球、そうして山川草木、空気、水……。こういった自然の環境をぬきにして、人間の存在は考えられません。大自然のなかに生きている人間。大自然の外には出られぬ人間。こう考えると人間の在り方は、大自然の姿に合わせた生活、心の持ち方が人間としての調和の尺度にならなければなりません。すなわち大自然は、一糸乱れぬ法則のもとに、正しく運行されているのです。太陽の熱、光のエネルギーにしても、地上の生物が生存するのに必要な適温をもって放射しており、空気にしろ、水にしろ、いくら使っても減ることもなければ増えることもありません。仏教でいう不増不減の姿です。こうした大自然の姿を静かに眺めてみますと、そこには神仏の計らい、神仏の智慧、神仏の慈悲、神仏の愛が存在することに気づきます。すなわち大宇宙は、神仏の胸の中で呼吸し、生きているということになります。

人間は、程度の差こそあれ、真・善・美を見分ける能力を持っています。これを要約すれば、己にウソのつけぬ心を持っている、ということです。それが神仏の心です。神仏の心とは、慈悲と愛の心です。人間が五官や六根（眼、耳、鼻、舌、身、意）にふりまわされてしまうために、本来の神の子の己を失っているにすぎないのです。闘争や破壊、血なまぐさい空気が地上を覆っている原因についても、人間が神仏の慈悲と愛の心に不調和であるからです。この地上を平和にする、この地上を楽土とするためには、神仏の子である一人一人の人間が、大自然という神仏の心、慈悲と愛に適う心を、素直に日常生活に現わしてゆく、行じてゆくことにあるのです。したがって、人間の調和とはどういうことであるかといえば、慈悲と愛の心の芽を育てることにあるわけです。そうして、進歩は、調和によって促されるものなのです。なぜなら、調和は、神仏の無限の智慧が供給される光のパイプであるからです。

正法の変遷

今回は、この地上における正法の変遷を、過去一万年までさかのぼってみることにしましょう。

今から約一万年ほど前、南大西洋にアトランティス大陸というのがあって、文明は非常に栄えていました。信仰の対象は太陽にむけられ、人間の魂は、あの太陽のごとく、光輝くものであり、慈悲と愛の心こそ、人間としてのあるべき姿として、正法が説かれていました。法を説いた者は、アガシャーといいました。アガシャーを中心として数多くの如来、菩薩が地上に降り、道を説きました。現在、南大西洋には大陸はありません。アガシャーをのぞく多くの天使たちを、時の為政者が葬ったからです。天使たちを殺戮《さつりく》するほど彼らの心はすさんでいたのです。その心根が大地震を起こし大陸を海に沈めたのです。六千年の後、文化はエジプトに移ってきました。そして今から約三千二百年ほど前、モーゼが現われ、人びとを救いました。釈迦がインドに生まれるまでの約七百年間のある一時期は、地上界の意識は地獄と化していました。略奪、強盗、殺人が幅をきかせていました。釈迦が生まれる二、三百年前から、光の天使による地上浄化の地ならしが行われ、やがて釈迦が生まれました。このときも、光の天使が数多く地上に生を得ています。釈迦は、主として、慈悲を説きました。このためイエスが約五百年の後に、イスラエルに生まれ、愛を説いたのです。イエスが生まれたときも、その周囲に多くの天使たちが生まれています。

その後、正法は西から東に移りました。すなわち、中国です。イエスなきあとは、信心信仰は他力にかわっていきました。地上は闘争と破壊をくりかえしていたが、中国では天台智顗《てんだいちぎ》が法華経を世に伝え、正法を、中国の地に復活させたのです。ただこのときには、仏教もむずかしい哲学、学問とかわり、衆生を救うまでには至りませんでした。天台智顗のあと、伝教が日本に帰国し、日本に仏教を樹立させました。伝教の後は、やはり、他力が信仰の中心をなしています。また、キリスト教においても、祈りの宗教にかわってゆきました。

このようにして正法は現在に至っています。正法は、過去一万年の間、このような変遷をたどり、イエス以降は、他力信仰が人類の生活に密着するようになってしまいました。しかし、イエスも釈迦も、他力信仰を一度も説いてはいないのです。また、地上が末法と化すと、ある時期を定めて、神の命をうけた光の天使が地上に生を得、道を説くことになっています。アガシャー、モーゼ、釈迦、イエスの時代をみれば、このことは一目瞭然でありましょう。また、正法の根を絶やさないためにも、こうした人びとが光をかかげ、人心を、正しい方向に持ってゆかなければならないのです。

——現代は、まさに、その時期に当たっているといえましょう。

心と肉体

正法とは、その根本において中道の心をいいます。太陽、地球、空気、水、人間の肉体も、すべてこれ中道の心にしたがって、その生命を生かし、維持しています。太陽の熱、光が、あるときは強く、あるときは弱くなったらどうでしょう。太陽そのものも、アンバランスをきたし、太陽をして崩壊にみちびくことになりましょう。私たちの肉体についても、夜も寝ずに四六時中これを酷使したとしたらどうでしょう。十日と保持することはできません。昼は働き、夜は休む。こうした中道の心にしたがって生き、生かされておれば、その肉体は保全され、定命《じょうみょう》がくるまで新陳代謝がさわりなく行われるのであります。

私たちの肉体の機能、地球の機能、太陽の機能というものは、すべてこれ中道の心にしたがって生き、生かされています。ところが人間は、肉体のほかに、心という精神を保持しています。その不調和のために、中道によって生かされている肉体の機能を損っている場合が多いのです。これはなにも肉体ばかりではなく、周囲の生活環境にまで不調和を与えてしまいます。

心とは、各人の意識であり、魂であり、想念としての創造行為であり、そしてそれは、まったく自由な立場で、自由に行使できる精神作用でもあります。この精神作用があるために、人間は、神の子として、大宇宙にまでその心を飛躍拡大させることもできようし、反対に、地上の相対観の中に埋没してしまうという危険さえも蔵しているのです。

人生は、山あり、谷ありで、想像もできない、いろいろな壁につき当ります。これによってたくましくなる者もあれば、自分の力を出し切らずに終ってしまう者もあります。強気も弱気も、だいたいは、この地上での習慣に身をまかせた場合が多く、人間はなんの目的で生まれてきたかを知らずに、あの世に帰る者があとを絶ちません。長い目でみるならば、そこが人間としての魂磨きといえましょうが、しかし、中道の心がわかり、己の心の在り方、想念の持ち方を、正法にそって生かしてゆくならば、心も、肉体も、よりすこやかに保全されてくるのです。

人間の幸、不幸の分かれ目は、肉体という舟を動かしているところの各人の心、想念、魂であります。その魂が、正法にそった中道の心で、ものを見、語り、思うことによって、日常の生活を正しく想念、行為するならば、心と肉体、己自身と周囲の環境というものは、自然に整えられてくるものなのです。人間の肉体はその心の持ち方によって、いっそう健全になり、健康な肉体は、心をますます明るくしてゆくものです。色心不二とは、正法の神髄をいったものであり、それはまた中道の心でもあったのです。

節度を持て

戦後、日本の経済は鉄鋼、造船、自動車、電化製品などを中心に、異常な発展を遂げてきました。その成長率はたしかに、世界の瞠目《どうもく》に値します。しかし天井知らずの高度成長は、日本の国土をいびつにする勢いであり、産業優先の経済政策には、人間を海に追い落す役目を果たしているかのような錯覚すら感じられます。政府も、産業人も、時の流れを忘れ、高度成長に酔っていたかのようでした。ニクソン声明は晴天の霹靂《へきれき》だったからです。予測されていたとはいえ、株式市場は、その驚きをうつして戦後最大の暴落を演じています。ドル・ショックの名にふさわしい仰天ぶりでありました。

アメリカの不況の第一は、ベトナム戦争による膨大な出費に原因があり、日本の好況は、その間隙をぬった利益追求の経済競争にありました。当然、その反作用はいつの日か訪れてくるものでした。ニクソンはまず中共に手をのばし、戦争終結の希望を託し、次いで、大国のメンツをかなぐり捨てる先般の声明となり、声明が出た途端に、我が国の高度成長にブレーキがかかりました。いずれこうなるであろうことはわかっていたところですが、しかし、誰かが荒療治しなければ、アメリカも、日本も、それこそ本当の大恐慌の洗礼をうけなければならなかったでしょう。

なんでもそうですが、出る杭はうたれるのです。出すぎても、引っこんでも反作用はついてまわります。日本の経済は、これまですさまじいといっていいほどの伸びでありました。明治以後、こんな経験は初めてでした。しかしそうした成長のかけ声のかげでは、公害は都市ばかりではなく、農村や山間部、そして海にまではびこり、その自然破壊は、人間生活の安否にまで発展してきたのです。国内の風俗習慣にしても、糸の切れた凧《たこ》のように、あてのない空間をさまよっています。

いったいその原因はなんでしょう。いうまでもなくそれは人間の自我心であります。執念にも等しい自己保存と、競争意識が、個人にも集団にも作用しているからにほかなりません。大学の殺人的入試ひとつとりあげても、その事実がはっきりと現われています。今日の高度経済成長の骨格は、こうした自己保存という自我にもとづいた無秩序、無節操な経済競争に、その原因がみられるようです。

個人でも集団でも、節度、協調、勇気、平等、感謝報恩、そして慈悲、愛という心を失うと、家庭も社会も瓦解します。なぜなら、自然はそうした法則の下に運行しており、人間だけがこの例外ではないからです。人間の社会を、より円滑に、健やかに、豊かに永続的に発展させるためには、節度、協調といった中道の心を尺度とした、助け合う環境をつくることがまず必要でしょう。今度の通貨問題は、こうした教訓をはっきりと示したいい例ではないかと思われます。

人間らしく

人間はしょせん、神になることはできません。なぜかというと、この地上では何人《なんぴと》といえども、己の心を練磨するという修行の第一目的を外すわけにはゆかないからです。転生輪廻が永遠に続くように、この地上の修行も、また永遠に続いてゆくものです。これでよい、これで完成したという行き止まりはありません。医学の進歩、科学の発展は、人工心臓や宇宙船をつくり、百年前の人知では想像も及ばないような進展をみせています。しかし医学の進歩は、反面において新しい病気の発見があり、病気と医学は、いわば追いつ追われつで進んでいます。原子力や宇宙船は人類に新たな希望を与えましたが、人類絶滅という不安感をも同時に与えています。このように科学ひとつとっても、これでよい、これで終りであるということはないのです。同様にして、人間の魂も、時々刻々、より以上の完成をめざして進んでいるのです。こういう意味において、人間（肉体）が神仏になる、ということはあり得ないのです。そこで人間は、まず人間らしく、生きてゆくことが大事でありましょう。

　人間らしく生きるとはどういうことかといえば、人間は神の子であり、修行の目的をはっきりと自覚し、その自覚にもとづいて思惟し、行為することであります。中道の心を忘れないということです。反省ばかりしているとかえって心は狭くなります。反省を怠ると自我に流されます。そこで、働くときは働く。体を休めるときには休むことです。ときには家族総出で旅行し、自然と語るのもよいでしょう。芝居見物も楽しいでしょう。音楽を聴くことも情操を高めます。こうした中からでも数限りなく教えられるものです。夜遅くまで、仕事、仕事で追いまくられ、追いまわしていると、やがて丸く大きな心までいびつにしてしまわぬともかぎりません。また、社会生活から遠ざかり、山にはいって滝行や禅定三昧《ざんまい》、にも問題があります。正法神理を実践している者が、肉体的鍛錬を目的とするなら悪くはないでしょう。しかし心の実態を知らず、正法を実践することを怠っている自我の強い人が、こうした行《ぎょう》をすると、悪霊に憑依されてしまいます。反対に、人間は神様ではない、やりたいことをした方が得と考えるのも人生の目的を見失ってしまいます。

大事なことは、人間がなぜ生まれ、どんな目的で何をなすべきかをはっきりと自覚し、その目的に沿った想念と行為をなしてゆくことです。体を休める、音楽を聴く、旅に出る、芝居を観る、子供たちと語る、そうした時間のない人生は砂漠をゆく旅人に等しく、人間らしいふくらみ、安らぎから遠ざかるものといえます。こうした機会は、人間の目的から少しも離れぬばかりか、むしろその目的を、いっそう叶えさせる原動力となるでしょう。

一日一生

肉体と心は、通常は密着して生活しています。このために肉体は心、魂の乗り舟であるという認識がなかなか得られないのです。

先日、私は、肉体上の死に見舞われました。大阪から四国におもむき、講演旅行した際のできごとです。徳島の宿で私の魂は、私の肉体から完全に離脱してしまったのです。心臓がとまり、呼吸も停止してしまいました。行をともにしてきた皆さんはコトの意外さ、重大さにとまどい、医者に診せようか、どうすべきかを迷っていました。早大のS博士と、Iさんは「守護・指導霊の方はいったいどうしているのか。こうして四国まできて人びとに正法を説いておられる先生を、こうした事態においこむなんてあまりにも無慈悲、愛もないではないか……」と、心のなかで思われていました。肉体を離れた私自身（意識）は、私の肉体のすぐ近くで、こと切れた私の肉体をながめ、一方では皆さんの心のうちが手にとるようにわかってくるのです。三十五年前、私はこうした体験をくりかえしやらされています。このときは、肉体の自分と、もう一人の自分の認識を深めるためにやらされました。私はこのとき以来、もう一人の自分とはいったい何者であり、また人間はどうしてそうなっているのかを追い求めてきたのです。その結果は、肉体と魂（もう一人の自分）は本来別々のものであり、肉体は単に魂の乗り舟にしかすぎない、ということがわかったのです。しかし、今回の体験については前々から警告をうけていました。前節で「人間らしく」と述べておきながら、私は、肉体を酷使してきました。日曜も祭日もなく、睡眠時間は、一日三〜四時間足らずです。今回の場合は、講演、現象実験、個人指導、環境の変化といった体力の消耗と、これまでの体力酷使が重なったため、弾性の限界を越えてしまいました。いうなれば私に与えられている体力の限界を越えてしまったために、三十五年前の経験が再現されたわけです。私は肉体に戻ろうとしましたが、それができません。まるで霊子線が切れたような状態でした。伝道のこと、事業のこと、家庭のことが私の脳裡をかすめていきました。私自身はあるドームの中に立っています。ガーン、ガーンという音の振動が、私の意識体の五体をふるわせています。そうしているうちに、私の肉体にイエス様がはいり、語られ、そのあと、私は肉体に戻りました。この間、時間にして約一時間位であったでしょうか。

今回の体験で得たことは、一日一生の心構えで毎日をすごすということでした。同時に、色心不二という中道の心が、いかに大事であり、精神と肉体の調和は、人間であるかぎり、欠くことのできないものであるということを再確認しました。

三体理論

大自然は三つの組み合わせから成っています。地上の成因は気圏、水圏、岩圏から構成され、原子は、陽電子、中性子、陰外電子、電気の性質は陽性、中性、陰性の三つからできており、またあらゆる生命を生かしている地球も、太陽、月との関連において、地球自身の目的を果たしています。

大自然の組み合わせをさらに細かくみてゆくと、物質のモトは光の波動、または粒子になってしまいます。つまりその波動、粒子の集まり具合によって、それぞれちがった物質をつくっているのです。たとえば炭素の陽子数は六個、中性子六個、陰外電子六個。アルミニウムは陽子が十三個、中性子十四個、陰外電子十三個であります。このように性質を異にする粒子の集合の具合によって、鉄をつくり、金という物質をつくっています。見方をかえると粒子の数、つまり、その数の変化がさまざまな物質なり、ひいては地上の春夏秋冬を形作っているといえましょう。拙著『大自然の波動と生命』の現象論は、この原理にもとづいて、1・2・3の基本数を用いて人の運命、性格、職業、家庭問題等にふれています。人間が生命体であると同時に、この地上に適応した肉体を所有するかぎりは、大自然の組み合わせからはみ出ることはできず、したがって、いわゆる三体制理論を使って第三者を見立てることもある程度可能となってくるわけです。

三体制理論は、大自然の原理にもとづいて展開するものですが、大事なことは正法を知らずして、三体制のみに走ることは危険この上もないということです。なぜかというと、人間はこの世に修行するために生まれてきているのです。同時に、この世を調和させるために、その目的と使命を担って存在しているものなのです。したがってそれを自覚せずに、三体制の理論のみにふりまわされることは、形作って魂はいらずの類《たぐい》になってしまうからです。三体制を応用して第三者の運命を予見する、あるいは性格判断、商売の良し悪しを見ることはできます。しかし人間としての義務、責任、使命というものを後回しにして、三体制の応用のみに身をまかせるとすれば、これは巷《ちまた》の〝占い〟と少しもかわりません。正法者の行く手は、地上の運命の良し悪しもあるが、実はそれを超えてゆくものなのです。正法は、地上の狭い視野から、大宇宙の己に帰ってゆく法なのです。東西南北は地上の任意の点に立ったときにいえるものですが、大宇宙からみると東も西もないのです。

正法が身についてくると、三体理論ではわからぬ諸現象の原因を知ることができます。さらに三体理論の応用範囲も広がってきます。私が三体制を発表した動機は、あくまで現実の諸現象の仕組みを知ってもらうために書いたもので現実の応用ではありません。この点を間違えては困るのです。正法を実践する者は、三体理論を超えることをあらためて知って欲しいものです。

現代の歪

エコノミック・アニマル——。現代の経営者は、これに徹しないと淘汰《とうた》されると思いこんでいます。このため、企業を巨大にし、自社の利益のためには手段を選ばないのです。競争相手があれば株を買い占め、乗っ取りを策します。それができなければ秘密を盗み、相手を出し抜いてゆく。需要者には新製品として、原価の何十倍かで売りつけ、そして、目先をかえて新製品を次々と売り出し、消費をあおってゆく。現代の物質経済の中身をみると、こうした欲望を中心とした、そうして、心不在のコンピューター人間が続々と生まれ、現代社会を動かしていることを知らざるを得ません。

ベトナム戦は半年で終ると豪語したアメリカのかつての国防長官は、コンピューター人間の代表といえるかも知れません。ところが、戦争は二年、三年とつづき、アメリカの軍隊が何十万とベトナムにくりだされなければ収拾がつかなくなってしまいました。コンピューターではじいた計算と、実戦では、大きな狂いが生じてきたのです。しかもこの見通しがアメリカ経済を大きく揺り動かす導火線になろうとは、頭脳明晰をもって自他ともにゆるしたその代表選手も知る由がなかったのです。

コンピューターという器械は、人間の頭脳から生まれたものです。人間の頭脳は、客観的には、コンピューターの働きと同じです。つまり、人間の頭脳は、コンピューターなのです。コンピューターはたしかに計算はうまい。知に調和します。しかし、応用問題がでてくると解けないのです。いうなれば、人間の心情を、計算で解こうとしても、解けないのです。ベトナム戦では敵がわかりません。ベトナム戦はアメリカの大国意識から出発した戦いです。戦場におもむく兵士の戦意もわからないばかりか、現地人の心をつかむこともできなかったのです。戦いは北爆へとエスカレートし、泥沼と化していったわけです。

現代の経済社会が、欲望とコンピューターという、いわば我欲と知のみに頼っていると、やがて、アメリカがベトナム戦で負った傷跡以上の深傷《ふかで》を負うことになるでしょう。事実、個々の企業が次第にゆきづまりをみせています。

企業の安定は、労使の協調と、人間主体の経営に立ち戻ることです。それには、人間の目的と使命の自覚が先決です。間違えては困ることは、企業安定のために人間にかえれというのではなく、企業は人間生活をより豊かにするためにあるということを理解することです。物質のドレイになると、人間疎外が顕著になってきます。コンピューター人間が幅をきかせてきます。これではいけない。まず、人間の心を理解することからはじめなければならないのです。

波羅蜜多

この言葉は般若心経のなかに書かれてあります。波羅蜜多とは古代インド語のパラミタであり、詳しくはプラークリット語であります。その真意は内在された偉大な智慧に到達するということを意味し、如来の心を指しています。二千五百有余年前のインドでは、蜂蜜は貴重品であり、栄養価のもっとも高い食糧として珍重されていました。人間の偉大な智慧もこれと同じように、蜜がいっぱいつまった価値ある大智識であり、人は誰しも、その偉大な智慧の宝庫を所有している、ということをいったものです。もっとも漢字の波羅蜜多はパラミタの音訳ですが、蜜多については、当時の真意を、そのまま伝えているといえましょう。

さて、人がその大智識、智慧の宝庫をひらくにはどうすればよいか。書物を数多く読むことか、それとも特別の行が必要かというとそうではなく、勇気と努力の積み重ね以外に何もないのです。勇気とは、神理の前に恐れぬ心です。正法を信じ、神理が理解されてきたならば、世俗の習慣にまどわされることなく、進んで行うことです。ある一定の年齢に達すると、世俗の常識がその人を支配し、よいとわかっていても、その常識が邪魔をして、一歩も先にふみ出せないものです。道端に落ちているゴミを、東京中の一人一人が拾えば、都内は一夜にして、清潔な町になるでしょう。短気は損気とわかったならば、自己保存の黒い想念を捨て去ることです。得意先の接待でも、飲酒をさけようとすれば、口実はいくらでもつくることが出来ます。恥ずかしいとか、常識というものは、大抵の場合、自己保存につながっていることを知るべきです。自己保存が心に動いている間は、勇気の心情はますます退化してきます。退化は偉大な智慧から遠ざかることです。

次に努力です。果報は寝て待てという言葉があって、これにはいろいろな見方があるようですが、果報は寝ていてはやってきません。文字を書くペンひとつとってみても、人間の努力と工夫によって作り出されたものです。その努力と工夫が、さらによりよき物を生み出し、生活を豊かにしているのです。地上を走る自動車、空を飛ぶ航空機、海を渡る船舶。いずれも、人間の努力と汗の結晶が、より精巧な、より安全な、より便利なものを生みだしています。努力は、人間の知識から、偉大な智慧につながる導火線といってもよいでしょう。

このように正法神理に適った勇気と努力を積み重ねてゆくならば、人はやがて内在された偉大な智慧をひらき、調和ある毎日を送ることができるようになるでしょう。

勇気と努力と智慧。この三者は相互に循環されるもので、三位一体の行為は波羅蜜多の偉大な大智識、智慧の宝庫をひらくカギであることを知って欲しいものです。

他力の誤り

仏教もキリスト教も、その他の宗教も、そのほとんどが他力信仰です。他力信仰は今や全世界をおおっています。二千五百有余年前の釈迦は今日のこの事態を予言し、正法は末法と化しているといったのは、物質に翻弄《ほんろう》された人類の姿はもとより、信仰の在り方が偽善と化し、真実が不明になってしまうことを知っていたからです。

仏教はインドよりチベットを通過し、中国に渡り、我が国に伝わりました。伝教大師が我が国に天台宗を定着させた頃までは、まだ正法は生きていました。ところがその後、仏教のなかから念仏行が生まれました。法然による、念仏の他力信仰がそれであります。それまでの仏教は、ほんの一部の貴族階級しか、これをうけ入れる下地がありませんでした。中国渡来の経文を理解するには、書に親しむ者でなければ到底近づき得なかったからです。当時の時代的背景を考えると、無学文盲の民衆を救うには、他力の念仏は、人びとの乾いた心に慈雨を与えたことは想像にかたくありません。仏教を広める意味では、法然の念仏行は、たしかに意義はあったといえましょう。だがしかし、他力では人間を救うことは本当はできないのです。なぜかというと、人間の業はそれほど安直にはできていないからです。

他力の狙いは「信」にあります。念仏はその信を得るための媒体でありましょう。信が強まれば行為もそれにつれて動いてゆくものとみられがちですが、信だけでは人間の業をかえることはできないのです。人間の心をかえるものは「理解と行為」なのです。ウソのいえない調和された己の心にしたがって、その毎日の生活の理解を深め、行為を通して、はじめて、人は安心の境涯に至るのです。したがって理解のない信心、行為のない信仰というものは、内在する過去世において体験した神の子としての己の心の叫びを、その悪い業によって覆いかくし、ウソの上塗りを重ねてゆくことになります。人前では善を気取り、一人になってホッとするという善と悪の二面性をますます身につけてゆきます。日蓮は念仏無間地獄といいました。念仏を唱えながら人を平気で殺《あや》め、念仏さえしておれば、何をしても救われるという誤った考えがはびこったからです。戦乱の世の衆生を救うために、むずかしい仏教哲学を理解させることは困難であったため、阿弥陀浄土の存在を、念仏によって教えざるを得なかったのでしょう。

他力は、業との妥協です。したがって業の是認に結びついてゆきます。戦場に牧師がついてゆく。他宗をたおすための戦争が二十世紀の今日でもなお続いている。この事実をみても、人間の業の根深さを知らねばなりません。人間は、他力では決して救われることはありません。神の子の己の心を信じた、そして、その心を生かした毎日の生活こそ安心への道であることを知って欲しいと思います。

大乗思想

既成、新興を問わず、日本における仏教の信仰形態は大乗を軸として動いているようです。大乗のそれは、仏果は人びとと、ともにあるのだから、まず人びとを救い、衆生とともに理想に至らしめる、としています。自分が救われたいなら、その前に人びとを救え、人びとを救うことによって自分も救われるという思想のようです。大乗はいわば菩薩行のそれであるかのようです。大乗の思想は、竜樹（ナラルージュナ）によって伝わりました。彼は中インドに生を得、後年、彼は彼の好みにしたがって仏教を取捨選択し、あたかもそれが仏教の本道かのようにまとめました。今から約千九百年ほど前のことです。それまでの仏教は、釈迦滅後、第一次、二次の結集が行われ、第二次結集の際は、口伝えの仏法が文字に書き遺《のこ》されたのです。第二次結集はアショカ王時代のことです。竜樹の大乗は、このときの仏伝を彼なりにつくりかえ、それが、今日の大乗経典といわれるもとになりました。

さて、正法は大乗思想が本流でしょうか。仏果は人びとの救いのうちにあるのでしょうか。仏国土は人びとの調和にあります。人びとの調和は、個々の調和の集合によって達成されるものではないでしょうか。己自身の調和がなければ、仏国土の実現は画餅《がべい》になってしまうでしょう。人類は個人の集りです。人類の調和は一人一人がめざめることにあります。一人一人が自己を悟り、心の王国をつくりだすことです。病人を治すには、まず自分自身が健康であり、病気に精通していなければなりません。心についても、己自身の心の王国が確立されていなければならないでしょう。正法の根本は八正道です。八正道は己の心を中道という調和にひき戻す神の規範です。その規範に、無理がなく、心が自然についていける自分自身になったときに、人ははじめて、菩薩の行が整ってくるのです。八正道も知らず、心の調和もなし得ない者に、どうして菩薩行がなし得ましょう。不安と混乱を巻き起こすのみです。現に、仏教は死文と化しているではありませんか。理屈はあっても、光がありません。救いなぞなおのことです。一部の者の仏教となっており、衆生の迷いは少しも解消されてはいません。

八正道は小乗であって小さな悟りといわれてますが、正法には小乗も大乗もないのです。悟りの根本は己自身です。己自身は小宇宙であり、小宇宙が大宇宙にまでひろがったときに、個と全の統一が自覚され、個のなかに全が含まれていることを知るのです。全のなかに迷える一部があるとすれば、それを救い得るものは個の悟りしかないのです。人の心は偉大なものです。地球よりも重く、大きなものです。その偉大な心を自覚するためには、神の規範である八正道を行じるしかありません。

大乗思想に迷わされてはなりません。

足るを知る

人類が自己保存と欲望の渦の中で右顧左眄《うこさべん》するかぎり、不安と混迷の社会生活は永遠に解消しないでしょう。欲望にはこれでよいとする限界がないからです。人間の心が宇宙の広さを持つように、欲望も、実はその限度を知らないのです。

不安と混迷の世界から解放されるには、人はどうすればよいか、どう生きたらいいのでしょうか。それにはまず「足ることを知った生活」を送ることです。人間はいくら力んでも、頑張っても、百才まで生きることはむずかしいものです。この世の物を全部一人占めしても、あの世に持ち去ることはできません。生まれたときが裸なら、死ぬときも裸です。そうだとすれば、生きてゆくのに必要なものさえあれば充分ではないでしょうか。

「足ること」というと、いかにも、古い、といわれるかも知れません。洋の東西を問わず、かつての小市民の生活は、いわばその分を守らざるを得ないような形で我慢を強いられ、権力におもねなければ生きてはいけませんでした。戦後の我が国は、いわばこうした抑圧された生活の反動として、外国にもみられぬ自由国？　が生まれましたが、不安と混迷は、戦前よりも激しいといえましょう。積極的意味での「足ること」を知らないがために、こうした結果が生じたといってもいいのです。

私のいう「足ること」とは、正道を知った生活なのです。人生の目的と使命を悟り、中道という大自然の法にそった生活を指しているのです。

労使の対立は、その双方が「足ること」を知らないために起こる現象です。一方はできるだけ安く、一方は物価騰貴を理由に賃上げを要求します。このために争議は年中行事化し、物価をますますひき上げる要因をつくっています。会社という組織は人体と同じであり、人体の健康管理は、運動、休息、そして無理のない生活にあります。経営者は、利益が上がれば待遇を改善し、社員はそれに報いるためにいっそう努力する。感謝と報恩、そして努力と勇気は、やがては新たな知恵を生み出し、会社をより安定へと導いてくれましょう。産業の栄枯盛衰は、時代の流れでいたしかたありませんが、労使双方が「足ること」を知った協調協力の実の上がっている会社は、転業も容易に行うことができるでしょう。

　このように「足ること」とは、我慢ではありません。抑圧された生活でもありません。伸び伸びとして、人間らしい安心した生活を営むためのものなのです。人類の意識がこうした生活を通して向上され、不安のない生活が送られてくるようになると、人類はさらに高次元の意識社会の在り方をめざして進むことができるようになるでしょう。

神と仏

　神とは大宇宙を支配する大意識のことです。森羅万象ことごとく、この大意識を離れては存在しません。太陽も、地球も、人間も、素粒子も、すべてこの大意識の経綸のなかで生かされ、生きています。仏とはそれでは何を意味するかといえば、神の大意識と不離一体の境涯となった悟った人間をいうのです。したがって不離一体という意味において、大悟の心境は神といえるかも知れません。モーゼやイエスは、さまざまな奇跡をおこし、人びとを救い、導きました。しかしながら肉体を持った人間は、仮に大悟を得たとしても、神になることはできないのです。なぜかというと、物質界には物質界の法則があって、その法則の枠を越えることはないからです。

その枠とは意識の枠です。物質界は人間の意識を含めて、一〇％の意識によって成り立っています。波動の粗い世界です。一〇〇％の意識のうち、一〇％の意識しか働いていません。そのために、四次元以降多次元の世界は、見ることものぞくことも普通はできません。そうした環境のなかで万物は修行するのです。人間はその心境に応じて霊道がひらかれ、一〇％の意識の枠を、二〇なり三〇に発展させることもできます。如来の悟りを得ますと、その求めに応じて、なんでも認識することができますが、二十四時間、そうしているわけにはゆきません。それはこちらにはこちらの生活があるし、四六時中、霊道を働かし続けるわけにはゆかないからです。したがって大悟し、神の意識に同通したといっても、万物を生かし続ける神そのものになることは、肉体があるかぎり、できない相談なのです。仏という名称はこうした意味で使われているわけです。

巷間《こうかん》、いたるところで神人が輩出し、我こそはといって、多くの信者をかかえていますが、そんなものではありません。霊視や霊聴ができ、奇跡をおこしたとしても神ではありません。霊視、霊聴にも段階があります。神理についても同じです。巷間の神人？が説いているその内容が、文証、理証として通用するかどうか、それも問題です。大事なことは文証、理証が裏付けられ、現証があり、さらには教祖と称する人の生活行為がどうであるかです。

正法は神や聖人をつくるためにあるのではありません。悟るためにあるのです。悟りとは、己の過失なり欠点を修正し、二度と同じことを繰り返さない想念と行為を意味します。その悟りの積み重ねが、やがて大悟につながり、一切の執着から離れ、煩悩にふりまわされぬ心境に到達できるのです。一つ一つの悟りが、己の調和を確立してゆき、地上の大調和に欠くことのできない核となってゆくのです。

神、仏とは以上のような意味を持ち、正法の目的は、仏への弛まぬ精進にあるといえるのです。

参禅

参禅によって人は悟れると思われていますが、実際はそれによって悟れる人は絶無です。

釈迦の悟りは、参禅によって得たものではありません。参禅を放棄し、反省することによって、悟ったのです。己の想念、行為を、中道という大自然の尺度にあわせていったから、悟れたのです。釈迦の六年の参禅は、峻烈な肉体行と、雑念を払い、心を空っぽにする修行でした。ところが、心を空っぽにすると、危険この上もなく、魔に犯されることが多いのです。幸いに釈迦はそうはなりませんでした。また、空っぽになっても、生活に入ると、すぐ雑念にとらわれてきます。釈迦でも、参禅によって悟ることはできなかったのです。参禅は、正法から離れているからです。

参禅の風習は古いものです。バラモンがそうだし、ヨガも、これを重視しました。釈迦の弟子に普賢《フゲン》というのがいました。その普賢は今では、普賢三昧ともいわれ、いわゆる、行者の代表のようにみられています。参禅に重きを置き、戒をつくりました。釈迦滅後、第一次結集の際には、彼はこれに参加せず、我流をもって、これこそ仏陀の本流であるとして、人びとを迷わせました。

禅宗の由来は、ヨガ、バラモンが主流をなしているようですが、普賢の思想も混入されています。五世紀の頃、インドの僧であった達磨《ダルマ》が仏教や、バラモンを学び、これらを基礎として、ひらいたものです。彼はインドから中国に渡ってのち、面壁《めんぺき》九年の行を積んでいます。彼自身は菩薩界の人ですが、その求道と意志の強さは抜群でした。その求道の心が光明を呼んだのですが、彼はそれを座禅によって得たものと思い込んだのです。禅宗はこうしてはじまったものです。こうした例は、真言密教についてもいえます。真言密教も、その基礎はヨガ、バラモンです。正法からは逸脱したものです。しかし、弘法大師は菩薩です。晩年、霊的な諸現象が現われ、このため真言密教を仏教の正統のものと誤認してしまうのですが、そうした霊的現象は、大師それ自身の、衆生済度の内在意識がそうさせたもので、密教そのものから生まれたものではなかったのです。

我が国に禅宗が到来し、多くの傑物を出しているようですが、達磨を越えるような人は、一人も出ていません。参禅だけでは、悟ることができないからです。正法の悟りは、生活を通して、中道の心を体験として、学んでいくところにあるからです。山陰に身をかくし、俗界を離れれば、誰でも、雑念からは遠離できましょう。しかし温室花は野外に出せば、ただちにしぼんでしまうように、山陰での修行は、修行の一つではありますが、俗界にあっても、それに染まらぬ心の調和が維持できなければ、悟ったとはいえないではありませんか。

謙虚

人は、ややもすると自分を過大評価しがちです。それも自分がなんで在り、何をなすべきかを悟っているならまだしも、地位、名誉、知識が人より優れているという理由から、そのような偏見が生まれるとすれば、その人はなかなか悟ることは出来ないでしょう。

人の一生は、普通五十年、長くて百年です。だが、本当の一生は、そんなに短かいものではありません。何億、何十億年の年輪を重ね、現在、ここに在るのです。何億、何十億年の過去世は、潜在意識の中に沈み、容易に外には出てきません。

人はこうした過去をもって、ここに生きているのですが、そうした長い年輪と、その短かい現象界の一生とは、比べものにならないひらきがあるのです。その短かい一生の過程のなかで得た知識、地位、名誉におぼれるとすれば、これほど浅薄にして、自己を偽るものはありません。今世の一生を点とすれば、過去世の生涯は線に相当します。線と点を比較してみて欲しいのです。……とすれば今世で得た知識、名誉というものが、いかに頼りないものであり、夢のようなものであるかということを知るでしょう。

正法の智慧は、線のなかに内在されています。その智慧は現象界の知識が呼び水となることはあっても、知識そのものから生まれるものではないのです。点のその一生を、謙虚に、素直に、正道にもとづいた想念と行為を重ねていくうちに、なかば、忽然《こつぜん》と現われてくるものです。

自己を過大に評価し、知識におぼれ、地位に固執した生活を習慣にしてしまっていると、こうした内在された智慧をひもとくカギを、自ら閉ざしていることになるのです。

さらにもっと具体的に、率直にいうならば、人の過去世は十人が十人、正道を学び、自分の血肉になっているかというと、必ずしもそうではないのです。正道を学ばないのに、それにもとづく智慧も出てこないのも道理ではありませんか。

過去世に縁があり、今世もその縁につながったことは、何よりも大事にしなければなりませんが、しかし過去がわからず、実在界も知識の範囲しか知り得ないとすれば、まず現在の自分自身を、正直に、素直に見なおすことが何よりも大切です。自分の心に、誰もウソはいえないはずだし、そのウソのいえない自分に立ちかえり、日常生活についても、謙虚になることが、悟りを早める導因となります。

己を知るには、まず何はさておき、謙虚な心から始まり、謙虚な心を持ち続けることです。そうしてその謙虚な心の培養は、今を置いて、永遠に、そのチャンスは訪れてこないということも知ってもらいたいものです。

布施

布施というと、いかにも抹香臭いひびきを与えますが、布施の意義は、感謝の心を報恩として形に表わしてゆくことです。このため、物を献ずる、金を上げることもその一つですが、人にはそれぞれ得手、不得手がありましょうし、自分のもっともしやすい方法で人びとに奉仕することが、立派な布施になるのです。

正法から布施を抜いたら正法でなくなります。なぜかというと、布施は、正法を信じ、神理を行ずる者の証であるからです。

正法には三つの柱があります。その一つは大宇宙を支配する大意識であり、その二は転生輪廻であり、三番目は慈悲と愛の心です。布施の行為は慈悲の現われなのです。

慈悲は神の心から生まれます。それはちょうど、万生万物に熱と光を惜しみなく与え、生きとし生ける者に、エネルギーを供給し続けている太陽の姿です。正法を行ずる者は、当然このような立場に立って、人びとに接して行くものでなければなりません。正法を信じながら行為として布施ができないようでは、その人はまだ本当に正法というものを理解していないということになりましょう。

私たちは、現実に生かされています。これを否定する者は何人《なんびと》もいないはずです。米一つ作るにも、自然の環境、自然の恵みと、人びとの協力があってはじめて可能なのです。洋服にしろ、靴にしろ、そのほか諸々の生活用品は、すべて自然の条件と人びとの協力の賜です。こうした現実を見るならば、感謝の心が芽生えてくるのは当然なことです。今日の我が国は、物資の洪水といってもよいほど物が豊富に出回っています。金さえ出せば何でも手にはいります。そのため、ややもすれば、物や人びとの陰の協力に対する感謝の心が失われ、なんとはなしに過ごしてしまいます。

人間は自分を過信したり、感謝の心が失われてくると、動物以下になりさがってしまいます。どんなにうまいことを百万言しゃべっても、行為のない人が行くべきあの世の姿というものは、想像以上の苦界であることを知るべきです。多くの場合、その事実を知る手がかりがつかめないために、人は逃避的になったり、世をうらんだり、憎んだりしてしまいます。よくよく心しなければなりません。

人はまず素直に、今ある生活環境に目を向け、生かされている現実に感謝しなければなりません。

正法者は、このような現実を素直に認め、感謝の心を報恩として、形に現わして行くものです。慈悲の心は神の心であり、その心は布施となって、無理なく、自然に行えるようになることが大事です。魂の前進、向上は、布施という慈悲の菩薩行を通して、はっきりと約束されましょう。

心の三毒

人の精神、肉体をもっとも不安定にする想念は、愚痴、怒り、足ることを知らぬ欲望、の三つといえましょう。いずれも自己保存に深く根ざしているからです。愚痴は神の子の己を否定し、人間疎外感と孤独を生み、怒りは破壊を意味し、足ることを知らぬ欲望は、自己を失わせる最たるものといえましょう。こうした想念を霊視すると、その周囲は、黒、赤、灰色の妖気がただよい、魔王、地獄霊、動物霊が必ずといってよいほど姿を見せています。いうなれば、あの世の最低の悪霊に、身も心も蹂躙《じゅうりん》されていることを意味するのです。

精神と密着した私たちの肉体は、思うことがただちに現象となって現われます。笑いは、血液の循環をよくし、胃や腸の活動を活発にさせます。反対に、怒ったり、悲しんだりすれば、心臓の運動や睡眠をさまたげる要素をつくり出してゆきます。想念の在り方いかんで、肉体的な諸現象がただちに現われてくることは、誰しも一再《いっさい》ならず、経験しているところではないでしょうか。

一方、怒ったり、悲しんだりして、食欲が減退し、睡眠がとれないとすれば、仕事や人間関係の判断まで狂ってきましょう。つまり、こうした想念は、心の平衡を失わせ、精神まで不安定にしてゆきます。心が不安定になれば、家庭や職場での協調関係がうまくゆかず、こうした状況が長びけば、やがては仕事も行き詰まり、病気や災難を誘発します。

こういうように、想念は、その人の心と肉体に敏感に反映してきます。いうなれば、想念は、ものをつくっているのです。

想念は、もともと精神活動の一つです。しかしその精神活動が中道を失うと、眼や耳や口を通して、肉体中心の業想念に支配されてきます。ウソのつけない心と、神から与えられた正常な肉体まで汚してしまうことになり、目的と使命を担ってきた今世の自分の運命、天命を狂わせ、新たな諸々の原因（業因）をつくっていくことになります。今世の原因が、今世で清算（結果）されればよいのですが、清算されないときは、あの世に持ち越し、来世で、そのおさらいをしなければなりません。つまり、もう一度今世と同じような環境の下で修行し、己の魂をテストしなければならないのです。はっきりいうならば、大抵は、原因と結果の堂々めぐりをしてしまいます。二千年の昔も今も、心の面ではあまり進歩がないというのも、こうしたところに原因があります。悪循環からなかなか抜け出せないのです。

悪循環の最たるものは何かといえば、愚痴と、怒りと、足ることを知らぬ欲望です。この三つを称して、心の三毒といい、業想念のなかでも、もっとも悪い原因をつくります。よくよく心しなければなりません。

正法と道徳

古代社会は、社会生活の規範が、宗教上の信仰と深く結びついていました。自我の意識が薄く、生活そのものが団体的でありましたから、そうした規範に違反する者は少なかったのです。制度が分化し、個人意識が高まってきますと、経済生活が複雑となり、個人間の衝突が起こってきます。そこで、共同生活の秩序を保つために、社会生活の準則、いわゆる道徳が生まれました。他人に危害を加えたり、他人のものを奪ったりすることは悪いことだ、という人間としての良心、義務の観念が、宗教上の信仰から分化し、発生してきました。今日の法律はこうした道徳が基礎となり、社会の調和を目的として確立されてきたといえましょう。

この意味で法律は人びとの意にもとづいた菩薩心の現われであり、なかば強制を伴うが、道徳は、良心にうら打ちされているといえます。

正法と道徳は、もともと一つのものか、それとも、ちがいがあるのか、というのが今回のテーマですが、前述の信仰、道徳、法律の沿革をみてきますと、ちがいはどこにもない、といえます。他人のものを奪ったり、危害を加えたりすることは、正法にも反するからです。

だがしかし――、道徳はもともと人間としての義務感、良心が柱になっています。法律が社会的規制を強いるものなら、道徳は、良心による制約です。

ところが正法の極地になってくるとどうなるでしょう。

「汝らの欲するところ、これを人に施せ」

「汝らの仇《あだ》を愛し、自らを責むる者のために祈れ」

これは、キリストの言葉です。人によって、その解釈の範囲がちがってくるでしょう。道徳といわれる物差しでは、この意味を理解することはむずかしくなってきます。

イエスも釈迦も、自他の観念で、慈悲や愛を説いたのではありません。自分の中に大宇宙を発見していたのです。肉体の自分と、もう一人の自分を知っていました。もう一人の自分は全なる自分です。他人と自分の区別はそこにはありません。人を憎むことは、天に向かってツバするのと同じことになるのです。他人はいないのです。全部自分です。

しかし、現われの世界では、他人と自分は別々に存在します。だから、その表現は、相対的ないいまわしになってきます。

「汝らの天の父の全きがごとく、汝らも全かれ」

もうこうなると、正法の何たるかが明らかでしょう。

道徳は、こうした自他一体の悟りを基点として培養され、相対的な観念を軸に、横に広がったものといえます。正法と道徳は別物ではありませんが、しかし道徳は社会生活の規範であるのに対し、正法は、その規範を超えた神の心そのものであるといえましょう。

転生の記憶

人は誰しも転生の記憶を持っています。持たぬ人は一人もいません。私たちの心の中には、物事の道理、人生の教訓、心の在り方、無常の真意、人生の目的、義務と責任、こういったものが、智慧として記憶されています。そうして、いつでもこうした智慧が表面に浮かび、人生航路の羅針盤として、その機能を果たそうと、出番を待っています。

ところが、多くの人びとは、こうした心の宝を眠らせたまま、五官に振り回され、一生を過ごしてしまいます。あの世に帰って、シマッタ、惜しいことをした、と気づくのです。しかしこれでは遅いのです。六根に基づいたその一生は、不安と虚無、争いと自己保存が渦を巻き、調和という神意に反した罪が、数限りなく生み出されていますから、その罪を償うために、暗黒の迷路で長い時間、泣いて暮らさなければなりません。人によっては、努力と一念力によって、無意識のうちに転生の記憶をひもとき、人びとの燈台となって、誤り少ない人生を送る者もいます。

転生の記憶は、どうすればひもとけるか、それには一〇%の意識を正し、意識の記録装置である想念帯の浄化にあります。想念帯が浄化されると、想念帯の内側に眠っている、九〇%の潜在意識が目をさまし、想念帯の一角に窓が開き、意識の表面に流れ出てきます。そうすると、今まで気づかなかった事象や道理、人の心、社会の在り方が明らかになり、人生を有意義に過ごせるようになってきます。こうなると心が自然に休まり、安らぎのある生活が送れるようになってきます。

一〇%の意識は、通常は、五官（眼、耳、鼻、舌、身）に頼っています。つねれば痛いし、美しいものは欲しいと思います。いうなれば肉体中心の生活です。これでは想念帯の浄化はむずかしいのです。なぜなら、この現象界では、心のほかに肉体が存在し、心のない肉体物質はないからです。人間は、心と肉体を合わせ持って生きています。だから、神意に通じている心を中心とした肉体生活が必要なのです。

心を生かす生活を送るには、八正道という物差しに照らし、毎日の思うこと、考えること、そうしてそれにもとづく生活行為を反省し、正道に反した想念行為を改めて行くことです。そうして、肉体中心の執着という荷物をおろしてゆくことです。

執着から解き放たれると、人は生死の境を超えることができ、裸の自分になれます。裸になると潜在意識の奥に眠っている転生の記憶がドッと流れ出ます。観自在の能力とは、転生輪廻の記憶の奥に内在されている、偉大な仏智が、ほとばしり出るものをいうのです。

八正道は、心の安らぎを得る唯一の道であり、潜在された智慧こそ、人生の偉大なる羅針盤であることを知って欲しいと思います。

中道と悪魔

私はさきに悪魔の非道さについてふれました。悪魔に犯されると、人は善なる自分を失い心の自由さを放棄することになります。悪魔は私たちの心の中に、いつでも入りこもうとして、虎視眈々《こしたんたん》と狙っています。悪魔に魅入られてはならないのです。悪魔についてもう一度ふれてみましょう。

私たちの身近には、善人の仮面をかぶった悪魔がいます。悪魔に憑かれると、他人を見下し、あたかも自分が善人のような錯覚に陥ってしまいます。正道を口にしながら他を誹謗し、正しく素直な人びとを罪におとし入れようとします。人から注意されると、自分が他を誹謗したことを忘れ、反省することもなく自己弁護してしまう。増長慢の心が常に自分を支配しているため、心は不安定です。善と悪が交錯し、悪いときには動物霊が背後にいて、霊眼、霊聴などの現象をみせ、本人の心をしていかにもそれが本物の映像、声のように思わせてきます。そのため、本人の心は、もともと増長慢が下地になっているので、正、不正の判断がしにくくなり、言葉巧みに、不平不満をあおり、混乱を企てるようになってきます。主観的、客観的な善なる自覚を失ってしまうのだから恐ろしいことです。

悪魔から自分を守るには、正道のフィルターを通すことが大事です。正道のフィルターは中道の尺度です。自分の置かれている立場をいったん捨てて、自分を客観的に眺めることです。そうしてそれは何も五官の世界のみでなく、あの世からの誘惑についても同じことがいえるのです。これが出来ないと、何が正しく、何が不正であるか、善と悪のケジメさえわからなくなってしまいます。

悪魔は、もともと執着と欲望の塊りであり、他人はもとより、憑かせている本人の心さえも狂わしていく。血も涙もない非情なものです。しかしこうした悪魔に憑かれるには、憑かれるだけの原因がなければなりません。

すなわち、怒り、愚痴、ねたみ、しっと、そしり、足ることを忘れた欲望という想念行為、それがその原因です。こうした心は、目や口や耳を通して、外から入ってくる場合もあるし、不平不満の自らの心がつくり出す場合もあります。善も悪も、自分の心の在り方がつくり出した天国と地獄であり、一念三千の心の方向が、その人自身の意識界をつくっているわけです。

「私は一所懸命、正法流布に活動した」と吹聴したときには、すでに自己保存の自分にかえっています。不平不満は報いを求めようとしたときから始まります。したがって、悪魔のささやきは誰の心にもきこえるということを知ってください。正見、正思、正語、正業、正命、正進、正念、正定こそ中道のフィルターであり、感謝と報恩の行為をしている者には、悪魔は、近寄ることができないものです。

類は友を呼ぶ

これは法則です。現在講演会に集まってきている人びとは、この法則にのって、自然に集まって来たといってもよいでしょう。磁石を砂の中に入れると鉄分のみが吸い寄せられ、鉄分以外のものはついてきません。朋友、不仲、こうした関係はすべて、綾なす縁によって自然に結ばれ、あるいは離れていくものです。

郵便はがき

料金受取人払郵便

浅草局承認

831

差出有効期間
2021年11月1日迄
切手をはらずに
お出しください

1118790

034

東京都台東区雷門2-3-10

三宝出版株式会社 行

●ご記入いただく情報は、小社からの事務連絡や各種ご案内等に使用させていただきます。

おなまえ（フリガナ）	年齢	男・女

おところ〒

TEL.　　（　　）

E-mail :

ご職業（なるべく詳しく）

お買い求めの動機
（該当のものに○をつけてください）

店で見て　新聞・雑誌・広告で　書評・紹介記事を見て
（その新聞・雑誌名　　　　　　　）
人にすすめられて　友人からいただいた　小社からの案内を見て　その他（　　　　　）

お買い求め書店名及び所在地　　書店　　市・郡

ご購読の新聞・雑誌名

愛読者カード

ご購入の書籍名

ご感想は、スマホ(PC)からも入力できます。
https://www.sampoh.co.jp/reader

愛読者カードをお送りいただいた皆様に粗品をプレゼント！
今後の出版企画に役立たせたいと思いますので、お名前、ご住所をご記入の上、ご返送ください。新刊、講演会等のご案内をさせていただきます。なお、お寄せいただいた内容は、小社の宣伝物に匿名で、(場合によって直筆コピーを)掲載させていただく場合があります。

本書についてのご意見ご感想など、自由にお書き下さい。

※本書をぜひ、ご友人・知人・ご家族にご紹介下さい。

●小社では宅配サービスを行っています(送料実費)。この葉書にご注文の書名と冊数をお書きの上、お申し込みください。

書名	冊

TEL 03-5828-0600(代)FAX 03-5828-0607
http://www.sampoh.co.jp/

こうした縁というものは、見えない糸によって操られ、自然に吸い寄せられてきます。本人の心が素直で、己の心に忠実であればあるほど、この法則は強く働きます。地上界は約一〇％の意識で生活し、このため五官六根にふり回されがちなので、そうした縁が働いても、それに逆らう人も出てきますが、しかし大部分の人は吸い寄せられていくのです。

現在私の周囲には、過去世で縁を持った人たちが集まり来たっています。釈迦に縁の深いウパテッサ（舎利仏）、ラフラー、マンチュリアー、アナン、ヤサ、アサジ、アニルッタ、フルナ、スブティー、シュバリダなど、また、マイトレイヤー、カリナといった人たち。イエス系ではパウロ、ヨハネ、その他関係のあった人たちもいます。やがてモーゼ系の縁の深い人たちも名乗りをあげるでしょう。

このように、アガシャー系グループは、時至れば、自然に寄り合ってきます。

これはなにも日本だけではなく、アメリカ、フィリッピン、フランス、ブラジル、韓国などにも縁の深い人たちが修行しており、機が熟せば吸い寄せられてくるでしょう。

そしてこうした人たちは、正法流布の一翼を担っており、各地で核としての働きをしてゆくのです。

正法流布は何も日本だけにとどまらない。全世界に及ぼしていくものです。アメリカをはじめ、ブラジル、韓国、フィリッピン、インド、ベトナム、そうして主として西ヨーロッパ諸国、中国もやがて、正法を受け入れるときがやってくるでしょう。

今後、十数年の間に、正法帰依者は急速に広まるでしょう。生活の規準を失った人びとの心に、かすかな灯が点じられ、人間とは何か、という疑問が、末法という破局を迎えるにしたがって、ひろがってゆくからです。同時に、正法流布の活動も、実在界からの応援を得て、さまざまな奇蹟、現象が現われ、ようやく、人びとの目が私たちに注がれてくることになるでしょう。

このようにして、正法流布は時を追って充実し、さまざまな宗教は統一されていくでしょう。宗教は思想であってはなりません。自然が教える生活の在り方なのです。誤った宗教はその意味で正法にかえらざるを得なくなります。

こうして地上は多くの同志によって、末法の世を建て直して行くことでしょう。

正法と業

奈良の大仏、鎌倉の大仏はどうして作られたかというと、大仏の製作者が仏の姿を夢で見るとか、あの世の天使に教えられ、仏の心は宇宙大にひろがっている、ということを知って、ああした仏像を手がけるようになったといえます。

人の心というものが調和されてくると、もう一人の自分、つまり肉体という原子細胞といっしょに生活している光子体が大きくなってゆきます。後光というのは、光子体のことであり、この分野が心の調和に比例して拡大されていくのです。

正法を知って生活している人びとの後光は、まず頭の周辺がボーッと明るく出てきます。仏像の多くは頭部の背後に丸く円を描いた姿で表現されていますが、ちょうどそのようになってきます。さらに調和が進み、心と生活が正法に適ってくると、後光の範囲は頭部だけではなく、体全体に広がるようになります。

後光の姿はこれで終りかというとそうではなく、過去、現在の転生輪廻を知り、その転生の過程の中で神理を知った生活をし、広い心で多くの人びとを救って来た人の後光は、さらにもっと大きくなってゆきます。

生命の転生輪廻の事実を知り、生と死を解脱した光の大指導霊の後光は、宇宙大の大きさになっています。

光の天使、菩薩、如来の後光は、こうした心の広さが光子体に反映し、光子体が拡大されていくわけです。心の広さは、心に曇りがあるかないか、こうしたものがミックスされて現われてくるものです。

宇宙即我――観自在の境地になった人を如来と呼んでいます。

如来というのは中国で作られた言葉です。文字通り、来るが如し、ということであり、大自然の神理、人間の心、法というものについて詳《つまび》らかにし、人間の生活の在り方を説き来たる人たちをいいます。

また「悟り」という言葉。これも中国から来ています。

この語は実にうまく出来ており、忄（りっしんべん）は心であり、吾は自分を指す。二つが組み合わさって悟ると読むが、悟りとは、我が心を知る、ということです。

心を本当に理解できると、人間は不生不滅、不垢不浄を知り、生死を超えることが出来るのです。

さて仏教も、正法として説かれた時代は短く、わずか千年ぐらいであったでしょうか。いろいろな言葉に訳されるにしたがって形骸化され、日本に来た時分には、いつの間にやら他力本願になってしまいました。

現代宗教家の多くは、貧乏し病気をしていると「あなたの前世は業が深いから貧乏をしているのだ」「前世で悪い事をしたから病気をする……」という説明が返ってくるようです。

そこで私はききたいのです。生まれるときに金を持ってきたか。死ぬときに、地位や財産を持っていけるか。生まれるときも裸なら、死ぬときも裸です。金がある無しは、人間のこの世における知恵が生み出したもので、前世のカルマとは関係がないといえましょう。

金持ちに生まれる、貧乏人に生まれるというのは、自分があの世で選んでくるのです。カルマが深い、浅いではありません。

前世のカルマは、あの世においてある程度修正しなければこの世に出ることはできません。地獄の霊がこの世に出ようと思っても、それは出来ない相談です。悪事やカルマというものは、まず、あの世でみっちりとそれを修正し、そうして、その修正した事柄を、現世で修正出来たかどうかを自らが試してゆくのです。

そのため、仮に前世で貧乏をして心を狭くし、それに負けた場合は、再び貧乏の環境を選ぶ場合があります。反対に裕福な家庭で生まれ、わがままや増長慢に陥った者は、もう一度裕福な家庭に育ち、そうならないよう自らの心を磨いて行く者もあります。

これはカルマというより、カルマの修正が本当に出来たかどうかを試す意味で、そうした環境を選ぶのです。また、人間の価値というものは、金持ち、貧乏ということで決められるものではありません。金がある、ない、の条件は、己の心がそうした条件にふりまわされず、調和の心を維持し、進んで、自分の心をより広げていく魂修行の一手段にすぎません。

病気の原因は前世のカルマというより、今世における我執や、無理な体力の消耗がそうさせるもので、後天的なものです。先天的な不具者や、子供の病気は、両親の不調和から起きるといえます。

　意識に記録されたカルマは、あの世で一〇〇％修正されるかというと、そういうわけにはゆかず、人それぞれのあの世での修正の度合いによって、ある人は六〇％、ある人は八〇％、九五％修正出来た人も出てきます。したがって、修正の度合いによって、この世では、過去世、前世のカルマに強くひかれる者と、そうでない人とがあるといえます。この意味では前世のカルマといえるかも知れません。

　しかし、前世のカルマがそのまま果となって出てくるとすれば、人類は、とうの昔に滅び去っています。なんとなれば悪を犯さぬ者は一人もいないからです。

　さて、このように考えてくると経済的に恵まれなくとも、心まで貧しくしてはならないし、恵まれた人は多くの病める人びとに愛の手を差しのべることが大事であるといえましょう。

　今日の人びとの心は、足ることを知らぬ欲望にふり回され、自分を失っているといえます。人生の目的を自覚し、大自然が教える中道の心を知るならば、足ることを知った生活、つまり、神の子の自分を自覚するならば、欲望、我執に翻弄される無意味さを悟ることが出来るでしょう。

足ることは我慢ではない、あきらめでもありません。神の子の己を自覚した想念と行為を意味するのです。与えられた環境、仕事に対しては、全力を挙げてこれに当ります。それは欲望に燃えてそうするのではなく、調和に役立てるためにそうするのです。

商人は利を求めますが、利を求めるなとは、正法では決していっていません。大事なことは求めて得た利益をどう処分するか、自分だけのことに使うか、家族や従業員に分け与えるか、不幸な人びとに愛の手をさし出すか。足ることを知らない人たちは、自分が中心であり、人のことなど構いません。大気汚染や河川のよごれは、企業エゴイズムがそうさせたものであり、経済の歯車は、こうした企業エゴを中心に動いてきたので、今日では、ここから脱皮しようにも身動き出来ないというのが現状です。自分だけのことを考えれば、やがてその結果は自分にハネ返ってきます。

足ることを知った生活環境は、仏国土という相互扶助、愛に満ちた世界なのです。そうして、そうした世界に住するようになれば、人の心はさらにより広く、大きく進化させることが出来るでしょう。

仏教の言葉に諸法無我というのがあります。諸法とは、大宇宙、小宇宙を動かし、秩序を保っているところの神理。そして、一切のものはすべて循環という法の下にありま す。循環という秩序です。無我とは、意思がないというのではありません。自分勝手の自分ではなく、公平無私な中道ということなのです。法に欲望や自分があったら法にな りません。法とは公平無私な規範であり、万物を生かす秩序です。太陽の熱、光に好き嫌いの感情があったらどうなるでしょう。一切の生物は生きてはいけません。

諸法無我――つまり森羅万象は、中道にそって、生かされ、生きているのです。私たちの心も、諸法無我にそって生きなければならないでしょう。中道から外れれば、外れた分量だけ苦しまねばなりません。五官六根のみに頼った生活、あるいは無我というか ら、自分を無くした生活をすればよいと考えたら大変です。意思のない法、秩序というものはないのです。法として存在する以上は、必ずその底には意思があり、意思が働いているから、秩序正しき法が存在するのです。

その意思は、中道という片寄らない神の心、公平にして無私なる心、万物を生かし、己の心を宇宙大に広げた心なのです。

心の安らぎは、こうした中道に向かった反省と、修正した行為によって、自然につちかわれていくものです。

偶然

人には運、不運が常につきまとう、といわれています。道を歩いていて事故にあう、元気でいたいと思っても病気をする、あれが欲しい、こうもしたいと考えてもそうはなりません。競馬、ギャンブルは、偶然の連続なので、面白さもあり、まるで人生をみているようだと断言する人もいます。

運だとか、偶然を主張しながらも、これを信ずる人は少ないようです。反対に、すべて必然と断言する者も皆無に近いようです。人生は余りにも不確定な要素、つまり、認識出来る範囲が非常に小さいので、判断がつかない、というのが実際でしょう。毎度繰り返すように、私たちの意識量（物を認識する働き）は、普通で、その全体の量の約一〇％しか働きません。人によっては、七、八％くらいでとまっている者もあります。

さらに重要なことは、人にはそれぞれ過去世という魂の遍歴があります。その遍歴によって記録された想念と生活行為があります。そのために、そういう記録された因縁にひかれ、その人の気質をつくり、性格に影響を与え、能力などを形作って行きます。同じ両親の下で育った兄弟姉妹でありながら、楽天家もあれば内向性の者もいます。これらは父母のそのときどきの精神状態なり、生活環境もありますが、実はこうした先天的な魂の遍歴に影響されているのです。もっとも、後天的な生活環境にも人は大きく左右されますが、こうした先天的要素を外しては、偶然、必然の判断は下せないのです。

運命の予知とか透視というものは、一〇％の意識量では計れません。それ以上の意識量が働くことによって、計れるのです。運命の予知が可能だということは、偶然の連続ではなく、物事が必然の方向に動いているということです。ただ普通はそれが不可能なために、偶然とか、運、不運で片付けてしまうのです。

現代科学は壁に突き当りながらも発展の途上にあるが、物質科学をもって偶然必然を測定しようとすると無理が出ます。なんとなれば、人間は物質だけではなく、意識という心を所有し、その心の一部に記録された過去世の遍歴と、今世の想念と行為が因果をつくり出しているからです。

偶然とか運、不運を口にする前に、まず神の子の自分に立ち帰り、今を正しく生きるよう努めることです。運はそうしたなかからひらけてくるのです。

勇気

人から八正道は難しい、反省すると自分の醜悪さが浮び出て、我ながら自分に愛想がつきる、しょせん自分は八正道の一つも実行出来ないし、挫折感のみが襲って来る、とよくいわれます。

私も最初はそうでした。人の事より自分を中心にものを考え、行動してきました。しかし私は、自分を捨てることによって苦楽の淵から離れることが出来ました。

難しいとか、挫折感は、性急な心がそうさせるのだし、それは自分というものが心の中にドッカと腰をすえているためであり、そうした自分が少しでも無くなってくると、次第に心が軽くなるものです。

偽我の自分を少しでも無くすためには、正道の中身を理解し、実践してみることです。そうすると、ものの見方、考え方、行動が八正道に適ったそれになってきます。

八正道はまず反省から始まるが、反省の仕方は客観的立場から自分をながめ、相手を見ることです。そうして自分の欠点が浮き彫りされるようでなければ駄目なのです。自分に愛想がつきて、そこで自分を捨てたときに、神の光が入ってきます。ところがここで、なかなか自分が捨てられません。六根から抜けられないのです。そこで私は勇気を持って努力しなさいといっているのです。

さてそこで、勇気はどうすれば出るのでしょうか。

仕事や遊びでもいい、夢中になっているときは疲れを覚えないものです。用が済んで、ヤレヤレと思ったときに疲れが押し寄せます。

よく引き合いに出る話ですが、ふだんは弱い女性が、火事で子供が家に閉じ込められたとき、その女性は我を忘れて火炎の中に飛びこみ焼死寸前の我が子を救ったといいます。夫は家の外でオロオロするばかりで肝心かなめなときに何も出来なかったというのです。

この話はいろいろな意味を含んでいますが、こうした勇気はどこから生まれたのでしょう。このときのこの女性は、アレコレ考える余裕はありません。ただ、我が子を救おうという一念だけでした。子供を救って自分の為した行為に自分でも仰天したというわけですが、真性の自分に返ったときは誰しもこうした勇気、行為が出るものです。勇気は虚勢や見栄、外見を気にしているときは出ません。偽我のない裸の自分に立ち返ったときに、自然に湧き出るものです。また勇気ある行為は客観的なもので、自分では気づかないものです。

自分をつくる

今年は我が国経済社会にとって、一つの試練の年に当るでしょう。広げすぎた高度経済成長も、先が見えてきたといえるでしょう。作用反作用は、その振幅が大きいほど、大きく揺れ動きます。自己保存と足ることを知らぬ欲望の反作用は、現実の経済の動きをみるといちばんよく理解できます。

正法を理解しようとする人にあっては、まず、自分自身をつくるということが大事です。昨年は自分をつくる年でした。しかし今年も自分をつくる年といえます。ビル一つ建てるにも基礎がしっかりしていないと少しの地震にも倒れてしまいます。何をするのも基礎が大事であり、自分の心が不動のものとなれば、どんな事態がおこって来てもハネ返してしまいます。しかし、心が出来ていないと、人の噂や変った話を耳にすると、心がゆらぎ自分を失います。

本来の自分自身は神の子の神性の自分である。慈悲と愛の心を持った自分自身です。そうして、神性の自分を確認する物差しが八正道であり、心に法灯をともし、調和の輪を広げていくのは、神の子の当然の義務であり、責任なのです。

私たちがあの世からこの世に出生してくるときは、誰彼の差別なく、今度はこの点を修正し、人びとと手をとり合って生きて行こうと誓って出てきます。しかし、肉体をまとい、環境や因習になれてくると、出生前の約束を忘れ、五官六根を中心とした自我欲望にほんろうされてしまいます。地上界はもともと不安定な物質界であり、心と物の関係が容易につかめないし、心の本質も理解出来にくいので、どうしても物質中心の考え方に傾いてしまいます。しかしこれでは折角の修行の目的が失われます。自分自身を失ってしまいます。

八正道という心の法灯が存在し、大宇宙は中道の道を歩むことによって安定しているのだから、私たちも、八正道の中道を軸に、毎日の生活を送るようにしなければなりません。

今年一年、私たちはしっかりと己をつくり、来るべき年には、外に向かって多くの人びとを救っていかなければなりません。それが正法を学ぶ者の目標でなければなりません。

今年は不況下のインフレであり、こうした経済事情はどうして生じたかを、静かにながめる、よき機会ともいえます。

心の偉大さは、時とともに明らかとなります。今年こそ、自分をつくって欲しいものです。

諸行無常

この言葉は暗い韻律を秘めているような印象を与えているが、とんでもないことです。仏教にしろ、釈迦という名にしても、我が国の一般民衆の間に知られるようになってから、たかだか百五十年ぐらいの歴史しか経っていないようです。そうした中で、平家物語にこの言葉が引用され、民衆になじまれたために、事実そのようなひびきを与えてしまったようです。

諸行とは、大宇宙を含めた物質世界の生活行為を指します。そうしてその生活行為は、瞬々刻々、変化変滅をくり返しています。常なき状態です。生ある者は一刻といえども止まることを知らず、常に変化し、動いています。

諸行は無常なのです。

諸行無常を解釈すると、現象界の姿をそのまま伝えた言葉のように受けとれます。ところがこの言葉には、重大な意味が秘められているのです。それは神の意思です。生命の実態です。形あるものは、生命の実相を通して存在し、絶え間ない変化の過程を通して生き続けています。変化し、形は変わっても、生命それ自身の意識は永遠に変わることなき生き通しの我であるのです。

生者必滅の姿はあっても、魂の永遠性は不動です。諸行は、無常であるからこそ生命は生き永らえるのです。諸行が無常でなく有常であれば、物質世界は滅びるしかありません。有常とは生活行為の停止を意味します。生死は動であるが、生のみがあって死のない世界は、生命のない停止の世界なのです。あの世とこの世があって魂の輪廻があるから、この世に生死があり、絶え間のない動的な生命の永遠行があるのです。

無常は魂の進化を約束するのです。

大変難しくなりましたが、私たちは現象の動きに心をとらわれてはなりません。生き通しの自分を失わぬことです。現象界の動きに心が奪われ執着すると、その執着の分量だけ自分の心を傷つけます。地獄で苦しむ諸霊は、その全部が現象界に心を奪われた人たちなのです。現象界は魂修行の場です。魂進化の大切な場所なのです。その無常の場を、有常の場に置き換えようとするから苦しみをつくるのです。

私たちの住む世界はめまぐるしく変化しています。自己保存と足ることを知らぬ欲望の渦といってよいでしょう。しかし私たちはこうした渦を恐れてはなりません。一日一生、無常の真意を忘れず、不動の心ですごすなら、神は祝福と安らぎとを与えてくれるでしょう。恐れず、惑わず、正法を心の中に打ち立てることです。

ジャブドーバー

ある方からこんな質問が来たので今回はそれに答えることにしましょう。

質問の要旨は、ゴーダマ・ブッタは、なぜ日本を再生の地としたか、どうしてアメリカや他国を選ばなかったか、というのです。

一口でいえば、仏教――正法が伝えられやすいからでありました。

二千五百有余年前に釈迦は、ジャブドーバー（東方の国）の、ケントマティー（都会）において、ふたたび正法流布を行うと弟子たちに宣言しました。

どうしてこのような宣言になったかといいますと、今日の世界事情がどのように動き、人類の意識がどうかわっていくか、ということが、ブッタには理解されていたからです。まずこのことが第一点。

第二点は、正法を再興する場合の地理的条件が加味されたのです。世界の交流がはじまったのは、せいぜいここ百年ぐらいの間です。それまではごく一部の要人、商人を除いては、ほとんど他国との交渉を持つことがありませんでした。また持てなかったのです。正法が流布されていくには、言語や地理的条件が当然考慮されます。仏教がインドからチベットに、そして中国に伝わり、日本に渡って来たのも、こうした環境的理由があって、必然の過程を通って来たのです。

第三点は、正法を理解するにはそれを受け入れる基礎的土壌が必要です。伝統や風習が異なり、ものの考え方に大きなへだたりがある場合は、正法を突然持ち込んでも、これを咀嚼するのにかなりの時間が要ります。しかし日本における仏教の歴史は古く、そして伝教大師が法華経を中国から持ち込むことによって、仏教は定着したのです。その後、仏教は形を変え、他力にかわりましたが、形だけとはいえ仏教が日本人の生活の中にとけこんだことは事実であり、正法の真意を伝えるのに、理解しやすい条件を生み出しています。一方また、日本人の勤勉さ、進取の気性、他国の文化を受け入れる柔軟な素質などは、今日の経済発展なり、科学や文化の進歩をみれば釈然としてくるでしょう。

このように、正法を流布するという前提で、日本という国が選ばれ、今日、具体的な活動となっているのです。そうして、ここへくるまでには、現象界の状況が絶えず見守られ、実在界で計画されて来たものです。それゆえ、ブッタの公約は、必然の形をとって現在に至っているわけなのです。

第三者からみると、アメリカやヨーロッパでも、と思われるでしょうが、右の事情を参酌すればおのずと理解されてくるでしょう。

正法流布は、こうした計画性の下に進められてきているのです。

第二章　問答集

魂

問　魂とはどのような性質を持っていますか。心と魂のちがい、……それともこの両者は同じものですか。

答　魂とは、個性を持った意識です。エネルギーの支配者です。人間の意識は、一〇％の表面意識と九〇％の潜在意識からできています。魂といわれる部分は本当は、表面意識と潜在意識の全体をいいます。ところが、表面と潜在の意識がわかれているために、全体を現わす魂を持った人は少なくなりました。

普通、魂といわれる部分は、表面意識と潜在意識の間に横たわる想念帯と表面意識を指していっています。想念帯は今世の経験、教養、徳性などを含むと同時にあの世の経験、過去世の経験も含まれています。このため同じものを見る、聞くにしても、人それぞれによって、受けとり方がみんなちがっています。これは想念帯の影響があるからです。したがって、人それぞれの魂の大小、在り方がでてきます。魂に個性があるというのも、このためです。

地獄に堕ちた魂を指して、迷える魂といいます。これは今世においてその生活態度が表面意識に強く左右され、潜在意識につながる想念帯の善なる波動（自分の心にウソがいえない）を無視したために起こるのです。偽善、怒り、そねみ、しっとなど。

次に心とは、各人の意識の中心です。意識の中心とはたとえば円全体を意識とします と、円の真中の一点、そうして各人の心は、神仏に同通していますから、心はなんでも知っています。ふつうあの人の心は美しい、汚ないとよくいいます。これは想念帯の影響によるところであって、厳格には、あの人の想念は美しい、汚ない、といった方が適切なのです。しかし、これでは一般的に通用しませんので、想念を心といっています。

しかし心そのものは、神仏の心に同通しているのですから、太陽のように、慈悲と愛だけなのです。汚ないとか、美しいということはないのです。ちょうど太陽を中心に、地球を始めとして九惑星が自転公転していますが、このときの太陽は、神であり、心であり、地球は私たちの想念の部分に当るといっていいでしょう。

さて、魂と心の関係ですが、前述のように心そのものは、神仏そのものですが、魂は、心を中心とした円全体の意識（表面、想念帯、潜在）ですから、各人の魂にはそれぞれの転生輪廻の歴史があります。したがって、それぞれの個性を持ち、心の波動をうけながら、向上進歩してゆくものです。このように魂と心は、個々独立したものではないのですが、ふつうは、表面意識と、表面意識側の想念帯の、悪い部分に左右されてしまうために、心に通じた魂を現わしてゆく人は、ひじょうに少ないわけです。

祈りについて

問　祈りについて。その必要性はありますか。どのような効果があるのでしょうか。

答　あの世、実在界（天上界）では、祈りという想念はありません。なぜないかといえば、行為が祈りとなっているからです。いうなれば、現実の生活と理想とが一つにとけ合っているからです。調和されているからです。

ところが、人間が肉体を持ち、地上の生活をする段になりますと、現実と理想のくいちがいが、毎日の生活の場において出て参ります。このために、肉体を持った人間は、どうしても、祈らずには、いられぬように出来ております。一つには、地上の人間は一〇%の意識で生活し、天上界は九〇%の意識で毎日を送るためのちがいといってもいいわけです。一寸先がヤミですから、祈る心が湧くのも当然であります。

サテ、そこで、その必要性があるのかどうかです。これは大いにあります。

祈る自分は一〇%の意識です。祈られる相手は、自分を守り続けている守護霊であり、指導霊でもあります。

想えば、想われるで、守護・指導霊にたいして、絶えず心を向けていれば、守護・指導霊は、守りやすく、指導しやすくなります。守りやすく、指導しやすくなれば、その人の毎日の生活は、安心と喜びに満ちてきます。当然の帰結です。したがいまして、一〇%の意識で生活する地上の人間にとって、祈りは、欠くことのできない、重要な行為の一つとなります。

次に、祈りの効果です。これは重要です。

祈りの本質は、一〇％の表面意識が、守護・指導霊の住む、己の九〇％の潜在意識に投げかける光のかけ橋です。守護・指導霊は、常に一〇％の意識で修行する現象界の人間にたいして、道を外さぬように見守り、指導していますので、一〇％の意識が想いを向ければ、いつでも手をかし（光のかけ橋）てくれるのです。

ただ問題は、その祈りが、自己保存のためか、調和のためであるかによって、大きな差が出て来るのです。普通は、誰しも、病気や家庭不和、事業不振が出てこないと祈る気持は湧いてこないようです。ですから、最初はそれも仕方がありません。しかし、本当の祈りというものは、現実的な幸、不幸ではなく、現在、生かされている、それ自体に感謝することであり、その感謝の想いで、日々の生活を行じることが大切です。

人間は、生かされ、生きてゆくものです。だが、調和の心で生きてゆく、という自覚が出たときは、感謝の気持が報恩の行為となってきます。いうなれば、一〇％の意識と九〇％の意識が同通したことを意味します。このときこそ、人は、真の安らぎを得、環境も、健康も整い、天命のままに生きることになります。

天命に生きるということは、自分が地上に生まれてきた目的、使命がわかり、それに向かって生き続けることをいうのです。

私たちの祈りも、ここまで高めたいものです。

慈悲

問 慈悲について説明して下さい。

答 心を失った人、迷いのフチに立たされた人、病にたおれた人びとにたいしても、無限に供給してやまない、いつくしみの心、なさけの心、これを、慈悲といいます。

もし、この宇宙に、慈悲の心が失われたとしたら、地上は、とうの昔に亡びていたでしょう。幸いにして、神の慈悲、仏の心があればこそ、我々人類は、過去、何回となく繰り返されてきた天変地異の災害をも、乗りこえてこられたのです。

人と人との関係においても、慈悲をもって接するようになれば、現代のような独りよがりのエゴイズムは、たちまちにして、雲散霧消してしまうでしょう。

慈悲の本質は、あの太陽のように、無限に供給してやまない熱、光のエネルギーそのものであり、水の生命にみられるような、惜しみない全なる心をいうのです。相手が善人であろうと、悪人であろうと、生命あるものにたいしては、それを生かし続けようとする無私なる心、いつくしみの心、なさけの心です。

ここで間違えてはこまることは、慈悲の心とはそのように高く、広いものであり、慈悲の安売り、慈悲の要求は、してはならないということです。

慈悲の安売りとは、自己の能力の限界を超えて、慈悲の言葉に酔ってしまうことです。安売りの結果、ふりかえってみたら、苦しくなったのでは、これは慈悲でもなんでもありません。慈悲の名を借りた自己満足の結果です。

次に、慈悲の要求とは、甘えであります。自分は、これこれのことをしているから、自分は、自分は……といったものがうちにあって、やたらと人に無心したり、人に善意を強要する。こうしたことは互いに、いましめ、注意してゆかねばなりません。

真の慈悲は、太陽のように、その熱、光を地上に無限に供給してやまないものです。正道の精神が理解され、行為されてくると、慈悲の心が湧いてくるものです。

愛

問 愛について簡単に教えてください。

答 ふつう一般に、愛とは男女の愛、夫婦の愛とみてしまいますが、愛の本質は、愛憎の愛とはちがいます。もちろん、夫婦の愛、男女の愛も、愛の現われといえないことはありません。顚倒夢想の世にあって、男女の愛は、人間生活に、希望と生きがいを与える役割を果たしているからです。

しかし、本当の愛は、神の愛をいうのです。神の愛とは、無私なる心、いつくしみの心、なさけの心、思いやりの心です。

聖書マタイ伝第五章で、イエスは、このようにいっています。「幸福なるかな、心の貧しき者。天国はその人のものなり。幸福なるかな、柔和なる者。その人は地を嗣《つ》がん。幸福なるかな、平和ならしむる者。その人は神の子と称へられん……」

これはどういうことかというと、心の貧しいとは、おごる心のない者。柔和とは心のおだやかなこと。平和ならしむる者とは、争いを好まぬことをいっており、こうした心を持った者は神の愛をうけ、天国の住者であるというのです。こうした心は、自我が強くては生まれてきません。無私なる心、なさけの心がなくてはでてこないのであります。慈悲の心も、無私、なさけ、思いやりでありますが、愛もやはり同じなのです。慈悲も愛も、ともに神の光ですから、同じでなければなりません。

ただ、愛は、その根本は慈悲と同じですが、働きとしては、「許し」であり、相互扶助です。

もし、この地上に「許し」という免罪符がないとするなら、人間は、原罪というカルマから、のがれることはできません。原罪とは、煩悩という神の子の神性を汚す、想念行為をいうのです。しっと、怒り、偽我、欲望……。こうした想念は、神性であるべき己の心を毒します。しかし、人間が肉体を持ち、相対界で生活していますと、どうしてもそうした想念にとらわれてしまいます。そこで、地上の人間を救うために、神は、愛の光を投げ与えてくれているのです。

すなわち、「許し」という光です。

人間がその原罪を認め、ザンゲし、素直な心で新生しようとするとき、神はその人に愛の手をさしのべ、その罪を許してくれるのです。

もうひとつ大事なことは「相互扶助」です。互いに助け合うことがなければ、人は一人として立つことはできません。私たちの生活は、多くの人たちの愛の上に成り立っています。助け合う心は地上における光です。慈悲を、法の縦の光とすれば、愛は、この地上界の横の光であるといえましょう。

正法と己の心

問　正法は己の心を信じよといいますが、これについて、もう少しわかりやすく説明して下さい。

答　これまでの他力信仰で、そこに教祖が存在する場合、教祖の一挙手一投足が、信者にたいする教えにつながっています。そうして良いにつけ、悪いにつけて、その影響は、絶対的なようです。不信や疑問の余地を与えるいとまがありません。盲信、狂信は、こうした状況の中から生まれます。

ところが、正法については、こういうことはあり得ないのです。なぜかといいますと、正法は、自分という存在を抜きにして、存在しないからです。あの人がいる、この人もいるという感覚は、自分という存在があるからこそ、認知できるのです。宇宙という存在も、地球という概念も、自分が呼吸し、生きているからわかるのです。眠ってしまえば、宇宙の存在、家庭のこと、職場も、すべて、わかりません。眼がさめてはじめて、あらゆる諸現象を知ることができます。

正法の出発点は、それゆえに、自分を発見することからはじまり、それにつきるのであります。自分のない正法、自分を無視した正法、自分から離れた正法というものは、ないのであります。

サテ、そこで、己自身を知る、正法を知るには、どうすればよいか。それは、己の心を信じ、八正道を行い、反省という光の触媒を通じて得られるものです。

ところが、人間の心、宇宙、神、正法というものは、くめどもつきぬ深遠さに包まれています。これでよしとする極点は、そうやすやすとは、手に入れることはできません。このため、ややもすれば、人はその困難さにうち克つことができず、環境に負けてしまいます。負けない自分を支えてくれるものはなにか。それは、やはり自分自身なのです。環境に負けるとは、自分自身に負けることなのです。

自分を救うものは自分しかありません。自分に負けそうになったら祈りなさい。祈る心で自分を立たせなさい。己の心、そうして正法はこうした中から理解を深めてゆくものです。

霊道

問 普通一般に、見えない世界がみえたり、霊聴などを指して、霊能とか、霊媒とかいっています。過去世を語る霊道とどうちがうのですか。それともある程度、同質のものなのでしょうか。

答　まず、霊能、霊媒についてみると、ほとんどの人は前世、過去世で「行」をやっています。それも肉体行です。肉体行の目的は、肉体にまつわる想念にとらわれないい自分を確立することにあります。痛い、苦しい、うまいものを欲するとか、そうした想念にとらわれないために、滝に打たれ、禅を組み、火に腕を入れたり、釘をさしたりして肉体をいじめ、きたえることによって、それに堪える感覚がやしなわれ、肉体細胞意識に、抵抗力がつきます。抵抗力がつけば、大抵の痛み苦しみに、自分の心は左右されない。こうしたときに、表面意識と潜在意識が、同通します。つまり、霊能がおこります。通常の霊力、霊能はこのような過程でおこるわけです。ところが、正法を知らずに肉体行のみに専念しますと、通常にない能力を身につけますから、つい有頂天になり、自分の心がふりまわされてしまいます。すると、魔王や動物霊のまたとない獲物となってしまいます。

今世で「行」らしい「行」をしないで、フトした機会で霊力や、霊能を身につけたといわれる人は、大抵、前世で肉体行をやっていますが、その能力を過信し、自分を失うと大変なことになります。行者の末路は哀れといわれるのも、動物霊や魔王に、身も心も明け渡してしまうからです。

正法の根本は、神の子の己自身です。霊能そのものではありません。霊能は、神の子の自分にめざめたときに、二次的副作用として起こるものです。霊道の原則はこの一点にあります。したがって霊道は、今世の肉体行の有無には関係ありません。日々の生活の場において、中道の心を失わず、人間らしい、正しい法にそった生活を送るならば自然にひらけます。

パラミタ、あるいは過去世を語る霊道は、反省と調和によってひらきます。しかし、現象的には、偶然あるいは己の意思に関係なくおこる場合もあります。このため、ややもすればその霊道に、正しい理解を持たずにすごすという場合があるのです。ところが、決して偶然とか、自分の意思に関係のない一方通行によってひらいているのではありません。己の意思に関係ないとはいえ、九〇％の潜在意識は、それをよく知っているのです。すなわち、九〇％の潜在意識層にあるその人の守護霊は、十分それを知っていて、意識の中から現出されてくるのです。

パラミタの霊道には、ある目的があります。それは人類の調和に役立たせるということとです。したがってその霊道は、普通一般の霊力、霊能とちがい、自分の潜在意識がひらかれ、過去世の意識がよみがえるという素晴らしいものであり、霊道者は、現在以上の心の調和をめざさなければなりません。いやしくも、その霊道を、当てものや、己の欲心に求めたり、オモチャにするようなことがあれば、その反動は、必ずや己自身にふりかかってくることを銘記すべきです。

正法と祈り

問 正法は自力であるということは、ほぼ理解がつきました。しかし祈りは、他力につきもののように思います。したがって他力信仰と祈りについては理解できますが、正法（自力）のなかにも「祈り」があるというのは、どうも合点がゆきません。この両者を、どのように理解すればいいのですか。

答 まず、「祈り」の意義について考えてみます。祈願文の解説（拙著『心の指針』を参照）にもありますように、祈りとは、あの世では行為を意味します。あの世の上段階にまいりますと、慈悲と愛の心のみとなり、「祈り」というものはありません。なんとなれば行為がすなわち光となって四方に放たれますから、「祈る」必要がないのです。もっとも、あの世でも「祈る」必要のある世界はあります。けれどもあの世の人の意識はこの世とちがい、九〇％はひらかれ、潜在意識は一〇％となりますから、これはいけないと思い、反省し、修正すれば、ただちに、その反省にたいする結果がでて、心の浄化が非常にはやく行われます。ですから同じ祈りにしても、あの世とこの世では、その比重がちがうのです。

この地上の生活は一寸先がヤミです。人間の意識量は、わずかに一〇％しか通常は働いていないのですから、一時間後、一分後の自分の運命さえわからないですごしています。それだけに、金に頼るか、人に頼るか、地位に頼るか、天に頼るか、神仏に頼るか、何かに頼らないと心もとないというのが私たち一般の人間の心でしょう。このため、「祈り」はその頼りない人生の、救いの担い手として考えられ、他力信仰の中では、重要な位置を占めてきたといえるでしょう。

しかしながら頼る「祈り」で、人は真に救われるでしょうか。仏壇に手を合わせながら、子供を叱りつける図は、よくみかけるところです。昔の念仏行のなかには、人を殺しても、念仏をあげれば成仏すると勘違いしている人がいたようです。こういう「祈り」を「祈り」といえるでしょうか。「祈り」とは、頼ることではありません。

正法の「祈り」は、行為を意味します。「祈り」の必要性は、頼るためのそれではなく、一〇〇％の意識量で生活する想念と行為に誤ちがないように、己の心を調和させる、そのために「祈る」ものなのです。そうして、それはまた、感謝の心となるものでなければなりません。なぜなら、健康で、家庭が円満で、毎日毎日の生活が、調和された姿で送れるということは、大自然をはじめ、守護霊、指導霊、万生万物、先祖の諸霊の恩恵によるものであり、したがって「祈り」は、感謝の心の現われとなるものであるからです。

こうみてまいりますと、「正法の祈り」と「他力の祈り」では、その中身が大分ちがってくるということがおわかりと思います。他力の信仰は、神と人間を切り離し、人間を凡愚《ぼんぐ》として扱っているのにたいし、正法の信仰は、人間は神の子であり、神と人間は一体であるという前提に立っていることであります。この地上生活の中で、神の子の己を生かすには、祈り心を通した行為しかないということです。イエス様の言葉に「汝信仰あり、我行為あり」というのがありますが、これこそ「正法の祈り」であり、誤ちなき行為こそ、「祈り」の神髄である、といえるわけであります。

信と行

問 既成仏教は、観念の中に埋没し、新興宗教は、盲信と教団維持の生活が先行するという傾向が目につきます。いったい、正法は、信と行をどのように考え、生活にどう活かしてゆくべきものなのですか。

答 信心信仰の本質は、まず信がなければ育ちません。

私たちの人間関係をみても、すべてが信頼というものを土台として成り立っています。親子、夫婦、兄弟、友人、職場においても、人と人とが、たがいに相手を信頼し、約束を守り、その約束を果たしているので、こうした社会生活が営まれています。もしも、そうした約束が履行できず、朝令暮改《ちょうれいぼかい》的に、平気で人の信頼を裏切るようなことをすれば、その人は、人から信用されなくなり、やがて社会から村八分にされてしまうでしょう。

信心信仰についても、これと全く同じです。その心を信ずる。神を信ずる。正法を信ずる。そうした信がなければ、信心信仰の芽を、大きくすることも深くすることもできません。信というものは、人間が生活する上において、絶対に欠くことのできない必要条件です。心の安らぎも、また信から生まれてきます。正法の信心は、文字通り、己の心を信ずることからはじまりますが、行のない信心は、信心とはいえません。それは、人間は神の子として、自らが創造し、自らの運命をきり開いてゆくものであるからです。したがいまして、信心はあるが、行がない、というのでは、正法とはいえません。信と行が、表裏一体を成し、行を通じて、よりいっそうその信を深め、調和ある行にまで高めてゆくというのが、正法者の真の姿でなければならないからです。行とは何か。それは、生活の場における反省と、努力の行為です。煩悩を菩提と化してゆくところの、行為です。

質問の中の、これまでの信仰については、たしかにお説の通りと思います。仏教もキリスト教も、拝む宗教、祈りの宗教になっています。罪悪深重の凡夫である人間は、仏の慈悲にすがる以外にない。悪いことを思うまいとしても思ってしまいます。人のことより我が身がいとしい。そこで、南無阿弥陀仏と唱えることによって、心の平安を得ようとする。そうして拝むことが行となり、人間的努力、反省は、二の次になってしまいます。既成宗教はある意味で、信心の中に埋没しているといえるでしょう。一方、新しく生まれた団体はといえば、お説の通り、行が先行しているようです。その行も、団体を維持する、拡大するということが、本人の救いに結びつき、本人の自覚は後回しにして、家庭や職場を放り出しても、駈けずりまわらなければならないように仕組まれています。病気や災難に遭っても、信仰の不足といって片づけられ、信を深めるための探究心が次第に失われてゆくというのが、実態のようです。

こうみてきますと、信に片寄っても、行に走りすぎても、真実の人間を形作ることはできません。信と行は、車の両輪のように不離一体をなして進んでゆくものです。真の信心は、神の子としての自覚であり、行は、その自覚にもとづいた生活行為です。正道に適った反省と努力が行です。それゆえ、正法は、信と行とが絶えず一体となり、中道という精神にもとづいた生活行為が、無理なく、自然に、行えるようになってゆくのが、正法者のあり方であり、また、正法は、そうした世界にのみ生きてくるものです。

五人の分身

問　人間は本体一人と、五人の分身から成り立っているといいますが、なぜ五人も分身が存在するのですか。全体で、なぜ、六人になるのですか。

答　生命も物質も、三つのプロセスからできています。

地球に生命が宿るのは、太陽、月、そして地球という三位一体の構成からです。地球（地上）は気圏、水圏、岩圏から成っています。原子は、陰外電子、中性子、陽電子からできており、電気は、陽性（＋）中性（N）陰性（－）から、細胞は、原形質、細胞質、核の三つから構成されています。

物質の成立は、宇宙の大意識をまず出発点として、第二に熱、光、電気、磁気、重力のエネルギーが組み合わさって、物質という第三の現象化が行われています。一度、物質化されたエネルギーは、ある時間がたつと、分裂という過程を経てエネルギーに還っていきます。またエネルギーの物質化はエネルギーが集中されてできあがります。つまり、大意識（神）を離れた五つのエネルギーは、集中、分裂という過程を通して、あるときは物質化され、エネルギーにもどってゆくという三つのプロセスを踏みながら、循環の法の中で、永遠に、その循環をくりかえしていくのです。

生命もこれと同様に、まず第一に宇宙の大意識から、第二に個としての生命が、あの世実在界に誕生し、第三に現象界に姿を現わす。一度、現象界に出た生命体は、この世とあの世の転生をくりかえし、この世に生れ出るときは、両親という媒体（縁）をへて、姿を現わします。つまり、大意識から離れた生命は、あの世、両親、この世という三つのプロセスを踏みながら循環の法の中で生きるように仕組まれています。

さて問題の人間の生命体である一本体、五分身についてですが、人間の生命体は三つの系列からできています。

一の系列、男本体一、男分身五
二の系列、女本体一、女分身五
三の系列 ｛男本体一、男分身二、女分身三
　　　　 ｛女本体一、女分身二、男分身三

三つの系列においても、生命、物質の仕組みである前述の構成要素が、人間の生命にも当然あてはまっています。大宇宙は三つの構成からでき上がっていますので、人間だけが例外というわけにはゆきません。

次に、本体一と分身五の理由は、この大宇宙が、神の大意識を母体に熱、光、電気、磁気、重力という五つのエレメントからできていますので、人間の生命体もこれに合わせて本体一（大意識）分身五（五つのエレメント）の組み合わせになっているのです。人間を称して、小宇宙というのも、生命の成立が、このように大宇宙の構成と同じようにできているからです。

一の系列から三の系列を含めて男女の数は同じです。また男女単体と、混合体の区分は、人類全体の調和を目的としているからです。もしも、一と二の系列、二と三の系列

のみとすれば、この地上の男女の均衡は破れる恐れがでてきます。地上の歴史が証明するように、人間は六根に支配されるようにできています。戦争、災害によって男が減り、女ばかりになったらどうでしょう。一から三までの系列があってはじめて、男女の均衡が保てるように仕組まれているのです。また三つの系列があるために、人類の目的が調和にあるといえるのです。

夢

問 いったい夢は何を意味しているのか。夢に生活上の重要性はあるのかないのか。フロイトの「夢の解釈」は有名ですが、夢とは何でしょう。

答 ふつう夢には主観的なものと、第三者の介入による夢があります。主観的なものは、自己の想念がつくり出したもの。第三者の介入のものは、自縛霊、動物霊などの影響によるものです。

主観的な夢には、美しい情景をみてくる、天女と語る楽しい夢、偉大な賢者と会って語りあうなど。反対に、暗く気持の悪い夢、呪われた世界、ヘビに追いかけられる、あるいは巻きつかれる、その内容はさまざまです。こうした夢は、あの世の階層を実際にみてくるのであり、そうしてそれは同時に、自分自身の、そのときどきの現実の想念の在り方が、そうした階層に通じ、またそのような日頃の想念が、夢という形で現象化されていることを意味します。したがって、こうした夢は、天上界の夢ならともかく、いやな夢、ないしは正法に反した暗い夢の場合は、自分の想念のどこかに誤りがあるのですから、反省し、修正する必要があるでしょう。

夢は大抵、朝方です。これは眠るという行為が、表面意識の休養を意味し、エネルギーの補給を行っているのですから、意識の休養中に夢をみるのではなく、エネルギーの補給を終えた朝方に、守護霊の働きで、夢をみる、夢を憶えているということになるからです。つまり、補給を終えた表面意識が、いつでも活動しやすい状態になったときに、夢という現実的な想念と行為が働くわけなのです。

また夢は、自己の想念と行為をごまかしなく再現するものですから、反省の材料としては、またとない資料となるわけです。現実生活の私たちの想念は、形に表われないとわかりませんが、夢の場合は、日頃の想念がなんの抵抗もなく現象化されますので、夢の中の行為は、自己の内在する想念の、偽りのない姿なのです。

一方、第三者の介入による夢は、朝方よりも、真夜中にみる場合が多いのです。眠りが浅く、なんとも寝つかれず、ウトウトしながら悪夢をみる。恐ろしさのあまり、目をさましたときは、自分の腕が胸の上におかれ、汗をかいている。こうした際は、光の天使、または諸天善神の加護を求めることです。

また、こうした悪夢をたびたびみる。夜眠られぬことが続いている場合は、憑依されていることがありますから、強い自己反省が必要ですし、正しい生活にかえるよう努力されることを望みます。第三者の介入による悪夢についても、自己の想念に無関係ではありませんので、正法にそった生活が絶対に必要です。

このほかに、正夢があります。これは守護霊の働きかけと、動物霊などが作用している場合とがありますが、動物霊の場合は、どこか常識的でなく理解できないものが多いのです。また戯画化されたもの、筋道のないもの、意味のつかめない夢などがありますが、これらは想念に断層がある、つまり心が不安定なためにおきる夢が多いのです。いずれにせよ夢は、日頃の想念行為と密接不可分ですから、夢をみた場合は、その夢について、反省することが大切です。

教導と功徳

問　人びとを教え導くと功徳がある、と教えられてきましたが、正法では、その点はどうなのでしょうか。

答　正法もまさしくその通りです。人びとを教え導いて、功徳がないということはないのです。大いにあります。

人の意識はテープレコーダーと同じように、二十四時間、そのテープが回転し、その人の想念と行為を記録し続けています。肉体的死を迎え、あの世に帰ったときに、そのテープレコードされた中身が、善と悪に分けて、どちらが多かったかによって、その人の行くべき場所が決まります。善行が多ければ、天国に、悪行が多ければ、地獄に堕ちます。

もっともこういうことがいわれています。人生の大半を酒を飲み、家庭や友人を困らせてきた人が、死の寸前において深くザンゲし、ああ悪かった、人生の目的は酒を飲むためではなく、人びととともに、助け合い、励まし合う行為であった、ということを悟ったならば、その人は地獄に堕ちずに天国に行くということです。

この点、間違いではありません。この喩《たと》えは、悟りの功徳の偉大さをいっているわけですが、実際に、死の寸前まで酒におぼれ、人びとに迷惑をかけ通してきた人が、死の寸前で悟ることができるでしょうか。そういうことは絶無です。悟りとは、反省し、正しい想念を善行に現わしてゆくものであり、そうした積み重ねが、やがて大きな悟りにつながって行くものです。ですから、あの世の功徳は、この世における善と悪の比率が、問題になってくるわけです。

またその功徳は、あの世においてだけ現われるかというとそうではなく、現世においても、現証として現われてきます。仕事に一心をこめれば、その結果は、その仕事自体に、あるいは仕事を通しての環境の調和に、思わぬ利益を生み出して行くでしょう。人びとを教え導けば、人びとに感謝され、その感謝の想念は、大きな愛念となって、その人の心と生活を、より豊かにしてくれます。

このように、人びとを教え導くことの功徳は、非常に大きなものがあります。

ここで問題になるのは、教え導くときの意志の在り方です。つまり功徳をうけるために教え導く、人からよく思われたい、自己の欲望を満たすためとすれば、教導の反作用は明らかです。本来、教導というものは、広い心、高い心から行うものです。それは、知識があるなしではなく、滅私の心が伴わないと、本当は生きてこないのです。功徳はそうした場合にもっとも大きなものとなります。

大乗の思想は、今は、盲信的狂信者を生み出しています。信仰の態度が他力であり、そしてその根底には、人びとを救えば自分も救われるといった考え方があるからです。正法のそれは、まず自己の確立です。確立された後に人びとを導くことです。しかし、正法を信じたならば、その信ずる心にしたがって人びとを教導することです。そして教導の過程において、さらに自己の心が磨かれていくものです。教導の過程で、さらに新たな疑問にぶつかっていきます。疑問は理解につながり、信をより深く、強くしてゆきます。功徳は、こうした連続の中から大きく生まれてきますし、正法は、信じ、行うことによって、たしかな生きがいを感じさせてくるものです。

恐れるな

問 憑依について、もう少しつっこんでご説明をお願いします。

答 人の意識が、動物霊、魔王、地獄霊に憑依されると、ひとりよがり、無口、多弁、ウソつき、深酒などの現象が顕著になってきます。そして、これが進行すると、病気や災難、家庭不和、事業の行き詰まりにもつながってきます。病気の約七割は、憑依によるものです。歩道を歩いていて後から自動車にハネられる、頭上から鉄材が降ってきて思わぬ怪我をすることなども、同じように、憑依による現象です。

憑依がさらに進行すると、精神分裂になります。気違いです。こうなると、自分の意識が他界者に完全に占領され、就眠することができなくなってしまいます。ノイローゼのほとんどは憑依によるものです。

人間は心と肉体から成り立っています。憑依とは、あの世の低段階の地獄霊、動物霊が、人の心に憑くことをいいます。

なぜ憑くかというと、もともとその本人の、物の見方、考え方が非常に片寄っており、欲望や執着が強いために、これと同じような心を持っている動物霊や地獄霊が、寄ってくるのです。類は友を呼ぶ、ということわざの通りです。

憑依は四六時中続いているかというと、通常は、憑いたり、離れたり、心が片寄った想念に支配されると憑依し、そうでないときは離れます。飲酒すると人が変わるが、素面《しらふ》のときは真面目人間というのがよくあります。しかし憑依の時間が長くなるにしたがって、その性格が変わってゆき、病気勝ちになってきます。精神病は、その憑依時間が、長時間になるために起こるものです。

欲望が強くなると動物霊が憑く。感情が激しく動くと自縛霊や魔王が憑く。知能におぼれ増長慢になると動物霊、地獄霊が憑く。意志が強すぎ、頑固になってくると自縛霊、てきます。しかし、これらは傾向であって、内容によって、憑依も多様化し魔王が憑いてきます。

憑依から己の意識を守るにはどうすればよいか。それには正道に適った想念と行為が必要です。憑依は、向こうが勝手に寄ってくるのではなく、自分が呼び、自分がつくり出しているといえるのです。アンバランスな精神状態がつくっているのです。

片寄った想いがあるから、彼らは集まるのです。自分が憑依されていることがわかっても、決して、恐れてはいけません。この世で、いちばん恐ろしいのは、やはり、生きている人間です。一念三千の心を持つ、己の心です。カメレオンのように常に変化してやまないものが、人の心なのです。

さらには、盲信、狂信、また、思想や主義にかぶれ、あるいは、獣のような欲望を持った者です。

ですから自分でおかしいと思ったならば、自分の心を、常に、平静に保つように、八正道に適った生活を送るよう心がけることです。そうすると向うの霊の波動と合わなくなってきますから、憑依現象も自然と解消されてきます。

本体、分身

問 人間の生命（魂）は本体一、分身五の六つから成り立っているとは、ほぼ理解出来ましたが、では人間以外の動物、植物、鉱物の場合はどうなっているのでしょうか。また、転生輪廻はどういう順序で行われるのですか。

答 本体、分身の関係は、何も人間だけに限らず、動、植、鉱全部についていえるのです。人間を含めた動、植、鉱の物理的な見分け方をまず説明しますと、動物の場合は、細胞の要素を大きく分けて六つに分類されます。核、原形質膜、ミトコンドリア、ゴルジ体、中心体、脂肪粒の六つ。この六つの要素が、たがいに補い合って、細胞という組織をつくっています。この細胞の六つの要素が、いうなれば本体（核）一、分身五（原形質膜、ミトコンドリア、ゴルジ体、中心体、脂肪粒）の構成になります。ですから人間以外の動物についても、細胞がこのように分かれる場合は、一本体五分身ということになります。

植物もこの例にそって、核（本体一）があり、その周囲に、原形質膜、液胞、色素体、細胞膜（分身四）の五つから構成されます。ですから、植物は動物よりも、一つだけ構成要素が少ないことになります。

鉱物の場合は、原子番号は六です。六とは陰外電子の数。これに核の一つを加えると七となります。たとえば炭素の原子番号に核を加えた数が本体と分身の数になります。つまり本体一、分身六の関係となります。このようにして、水素は二、金は八十、銀四十八、塩素十八、亜鉛三十一、鉄二十七、銅三十が、本体と分身数を合わせた数となります。

このように、物質の構成は、そのモトである生命の構成にしたがって形作られているわけです。

形の世界は心の反映であり、このため、本体、分身の関係も、生命の組織をそのまま、形の上に反映し、細胞も、素粒子の世界も同じような姿になって現われるものなのです。

不思議といえば不思議ですが、生命と物質というものは、そのように出来ています。

色心不二は、物質と生命について追究すると科学的にも理解されてくるでしょう。太陽系のそれも、太陽（核）と惑星（分身）が、相互に作用し合っています。そうして、その体を成しています。一つでも欠けたら太陽系は分解してしまいます。

魂の転生輪廻は、それではどういう順序で行われるかといえば、原則的には順番です。Aが出れば次がB、Bの次はC、というようにA（核）BCDEF（分身）が順次、現象界に出て修行する、というのが原則です。ただし転生輪廻の過程で修行を積む者と、横道にそれてしまう者もあって、全体のバランスを崩すことがあるので、そうした場合は、あの世で話し合い、前記の原則にこだわらず、Bが短期間に二度、三度、現象界に出て修行することもあります。しかしこういう場合は、比較的少ないのです。大半は、順番に現象界に出て修行することになるわけです。

平和のため

問　想念の在り方は、その人の運命を決めるといわれますが、では、公害などの被害者もそうなのでしょうか。また平和のため、全体の幸福を考えてその意志を表明する場合、現状ではデモとか闘争しかないと思います。こういうことは神の意に反するのでしょうか。

答 原因と結果というものは、正法から切り離すことは出来ません。病気、災難、事業不振、家庭不和、すべてにわたって原因があるから結果となって現われてきたのです。

公害についても然りです。毒性のものを同じ量を食べても、軽くて済む人、重態に陥る人、死に至る人、みなちがいます。そのときの健康状態、食べ合わせによって、具体的には変ってくるでしょう。しかしそれ以前の問題として、日頃の想念と行為が、そのときの健康状態、食べ合わせの原因をつくっているといっていいでしょう。

原因と結果について、こういう見方をする人がいます。年中愚痴ばかり言っているから口内炎にかかる、尻が落ちつかないから痔がおきる。性欲が強いから眼が悪くなる、といった類。こういうことはありません。愚痴ばかりいう人でも、痔の悪い人、眼のよくない人、神経衰弱を起こす人もいます。これらは親から受け継いだ肉体遺伝、あるいは体質によるのであり、想念の在り方と病気の種類とは必ずしも一致しません。ここを間違えると大変です。

いずれにせよ、公害病も人それぞれの想念――心に直接関係のあることだけは知っておいて下さい。

次に、平和のためにデモをする、幸福を得るために闘争をすることですが、目的が平和ならば、手段も平和なはずです。目的が平和で、手段が闘争になりますと、目的も闘争になります。源平の争い、戦国時代の武将たちの盛衰をみれば、明らかです。彼らは平和を願いながら争い、平和を維持するために武力を養ってきました。このために隣国の不信を招き、戦いから解放されることがありませんでした。

マホメットという人は、一方において平和を唱え、一方において武力を行使しました。が、これは自己矛盾もはなはだしいといわねばなりません。

モーゼ、イエス、釈迦の生き方をみれば、武力というものが何を意味するか、目的が平和ならば手段もまた平和でなければならないということがわかると思います。

全体の幸福のためにデモる、世論を動かすにはこうする方が手っ取り早い、と考えるのも無理はありません。しかし正法は内から外に及ぼして行くものです。といえば、正法の実践はどうあるべきかはあなたにもおわかりと思います。全体の幸福を願うなら、まず自分自身の心を幸福にさせることです。幸福の何かを知らずして、どうして、人にその幸福をわかち与えることが出来ましょう。正法はまず己の幸福から出発します。そうして全体の中の一人一人の幸せが目的です。一人一人がかすんだ、全体ではないことを知っていただきたいと思います。

催眠術

問 催眠術の是非について、簡単でいいですから教えて下さい。

答 催眠術とは意識を眠らせる術をいうようです。別ないい方をすれば、心を一ヵ所に集め、喪失の状態にさせてしまうもののようです。

催眠術は、医学の一部で取り上げられているようですが、その歴史をたどると非常に古く、遠くはヨガから来ているようです。

ヨガの発生は、厳しい自然に人間が耐えていくにはどうすればよいか、また、人間対人間の関係において、どうすれば他より優位な自分になれるか、というところからきたようです。

ヨガは肉体の鍛練を通して、弱い自分をより強い自分につくることにあるようですが、しかし肉体行にはおのずと限界があり、強い自分は、欲望を持った自我の自分に発展する場合が多いのです。肉体の所有者は心であり、心の鍛練（修正）は、まず心を改造しないかぎり、むずかしいのです。

釈迦の時代も、ヨガの行法は随分とありました。しかし釈迦は肉体行の誤りを知って、中道（八正道）の尺度で、己の心を修正していきました。そうしてはじめて、宇宙は自分であるということを悟ったのです。

催眠術者の過去世をみると、たいてい、肉体行をやっています。霊媒の多くが、過去世で肉体的修行に明け暮れた人であるのと似ています。

催眠術とは、前述のように意識を眠らせること、それを暗示の力、念力でやります。今まで右側を走っていた人を、念力で左側を走らせようというわけです。ものにはすべて等速度運動が働いています。かけ足で急にとまろうとすれば、倒れてしまうでしょう。催眠術はそうしたことをやろうというわけですから、結果はどうなるか、もうおわかりでしょう。

催眠術によって小心が大心になった、ドモリが治った、ノイローゼが解消した、ということですが、ある人は一時治ったかにみえても、かえってノイローゼが悪化したと訴えて来ました。心のスモッグ（我欲）を払わずに、それを念の力で押しこんでしまうと、反作用が出てきます。霊的には、その人の心を他界者が占領します。催眠状態がひんぱんに行われると、他界者が、その人の意識に、より入りやすい状態になり、二重人格を形成していきます。つまり性格が変ってゆくのです。テレビなどで、催眠術の物すごい実験がときおり行われたりしますが、催眠術師の背後では、仙人界のかつての行者が演技をしています。念力は人間に与えられた能力ですが、正しく使わないと、大変危険なものです。正しく使うには正見、正思、正語（八正道）が実践されていなければなりません。

小心を大心にするには、まず心のスモッグを払うことからして下さい。人間は誰しも丸く大きな豊かな心を持っているのですから、あせらず、なまけず、中道という正しい道を歩むことが大事です。

宗教と神秘力

問　宗教には必ず神通力とか霊能力が出て来ます。これらは一般の人にとっては、不思議な働きだと思われますが、宗教と神秘力との関係について、また、そうした神秘力がなければ絶対に悟れないものかどうかをおたずねします。また道元禅師は智で悟り、日蓮上人は意で悟り、親鸞上人は情で悟ったと思われますが、いかがでしょうか。

答　宗教と神秘力とは必ずしも結びつきません。神秘力がなくとも、優れた宗教家はたくさんいるでしょう。シュバイツァー博士、あるいはヘレン・ケラーという菩薩界の伝道者もいます。かくれた偉人を数えたら大変な数になるでしょう。

町の宗教家が神秘力を使っている例はひじょうに多いのですが、大抵は教祖と称する人の背後で、ヘビや狐、魔王、仙人界の霊人が操っている場合が多いのです。占いではありませんが、よく当ります。病気も一時的に治します。しかし大事なことは、教祖と称する人の想念行為がまともであるか、奇行が多いか、感情的か……。裸の人間をまず見分けることが大事でしょう。ボサター以上になると、威張ったり、天狗になったり、おどしたりは絶対しません。普通人と何ら変らず、それでいて神理を行じ、人びとを教化していきます。

偉大な宗教家は、普通の生活をしながら、それでいて数多くの奇跡や神通力を行使し、多くの人びとを救っていきます。不当に金品を要求したり、ぜい沢をしたり、罰が当るなどと脅しません。何億円も使って殿堂をつくることもないでしょう。

三次元の世界からみると神秘力ですが、実在界からみると当り前のことが行使されているにすぎません。人間の意識は実在界に通じており、それが認識できれば誰でも出来るものです。宗教というあらたまった概念で考える必要はないのです。

悟りに神秘力が必要かという質問は、順序がちがいます。悟ったから神秘力が生まれるのであって、神秘力が悟りを促すものではありません。また悟りには幾層もの段階がありますが、必要なことは過失《あやまち》を修正し、修正したことが自然に行じられるようになることです。この世の一つの目的は、自己のカルマを修正すること、もう一つは仏国土、ユートピアを建設することです。無理なく修正出来た一つ一つのことがらについて、その一つ一つについて悟ったといえるのです。一度悟ると何でもわかってしまうと大抵は考えますが、そういう考えはあらためて欲しいものです。まず足元から悟っていきましょう。

道元という人は神界の人です。日蓮、親鸞はボサターです。質問者は、三人を智情意に結びつけて考えているようですが、そうした詮索《せんさく》よりも、あなた自身、正法を行じるようにしてください。

心の問題は頭でいくら学んでも本当の理解は出来ないものです。八正道は正しいと思ったならば、それを実践して下さい。実践すれば心がひらけ、悟りに近づくことが出来ます。

死者の供養

問

一、告別式に、あるいは法事の際に、死後の人が好きだからとして、生前の好きな物を色々供養し供えますが、こうしたことは正しいのでしょうか。

一、昔から不幸やお祝いなどに縁起をかつぎますが、これは本当のことでしょうか。

一、忘れない夢と、思い出せない夢について説明して下さい。

答

一、悟った霊は、物を上げられようと、上げられまいと、そのような事に心を動かすことはありません。だいいち、四次元（実在界・あの世）と三次元（この世）とでは、もともと次元が異なり、あの世の霊は、三次元の供え物を食べることが出来ないし、また、そうした行為があるなしによって心が動くようでは天上界に行くことも出来ません。

ただ、あちらに帰った魂といえども人の子、神の子です。地上界の人びとの心が自分に向けられ、生前好きな物を出され「さあ食べて下さい」といわれれば、その気持をくまれ感謝することでしょう。一方、地獄に堕ちた霊はそれではどうかといいますと、この人たちは供え物を食べたくとも食べられません。現象界への執着もつよく、このため、葬儀の帰りに事故が起こったり、法事の後で兄弟ゲンカが始まるなど、いろいろと問題を起こすことがあります。これらは、死者の霊が近親者に働きかけるために起こる現象です。死者に対する供養は、あとに残った人たちが中道という調和された生活を送ることなのです。そうすると、こうした作用は生じません。物を上げる、あげないは二の次、三の次です。

一、不幸に対してはおはらいを、お祝いにはあやかりたいと、縁起をかつぐ風習がどこにもありますが、これらは習慣に支配された無知な心が、そうさせるのです。悪い事に、人は恐怖心を抱きます。その恐怖心が不幸を招くのです。つまり、悪いことが二度、三度重なる、あるいは良い事は重なって欲しいとして、それを求めるその心が、そうした現象となって現われるのです。縁の起りは、すべて心がつくり出し、それは通常、想念という、思う念ずる作用から起こってくるわけです。

想念はモノをつくり出すということを、あらためて知って欲しいものです。
一、夢については、すでにのべましたが、夢にはいろいろあって、守護霊が意識的にみせる場合と、本人自身があの世を見てくる場合、本人の心の映像が具象化される場合など、さまざまです。忘れ難い夢は守護霊が見せてくれる夢です。天国に行って、美しい花や、きれいな人たちと楽しくすごして来たり、素晴らしい風景をみたりします。忘れる夢は、たいてい自分があの世に行って見てくるため、目がさめると、見て来た情景が思い出せないことが多いのです。映像の具象化は、テレビや芝居など恐いものを見たときに、それが夢となって現われる。このほか地獄霊や動物霊が本人に憑依し、悪夢をみせる場合があります。夢は、自分の心、想念の在り方によって変ってくるものです。

お経

問 一、先祖供養のためお経を上げる習慣がありますが、いったい、これは価値があるものかどうか。また、ソ連や中共にはお経を上げる習慣がありませんが、このような人たちの供養はどうなるのでしょう。

一、科学が発達するにつれて、宗教と哲学の存在価値が消滅すると思いますが、この点はどうなのですか。

答　一、お経を上げることが供養だと考えるのは間違いです。死んだ人がお経の意味を知っているなら、ああそうだった、自分は考え違いをしていたと気づくでしょうが、お経のオの字も知らない者には、馬の耳に念仏ということになりましょう。死者の霊にもこの世にいたときと同じように、普通の言葉で、人間としての正しい在り方を語って聞かせることなのです。

お経そのものは、釈迦の説法を説明したもので、それが中国に渡って漢文化され、リズムを持った読誦に変ってきました。経文の意味を悟り、実践している者が経文を読誦する場合は、迷った霊はその読誦の波動（光の波動）によって、浄化されます。したがって、そういう意味ではお経は供養になるといえますが、しかし、普通はこうはいきませんし、第一それだけの自信のある方は非常に限られてくるわけです。僧職の方で、あの世を知っている人ならば、お経は供養になりますが、それ以外はあまり意味がないといえます。お経を上げることが供養というならば、ソ連や中国の人たちはどうなるかということですが、政体はどうあろうと、神を信じ、己の心を正して生活している者は地獄に堕ちることはないのです。お経を上げなくとも、遺された家族の者たちが調和された生活を送っていれば、例え地獄に堕ちた霊でも、それを見て反省の材料とし、悟れる環境に浮かばれることになるのです。

いずれにせよ、死者、先祖の最大の供養とは、地上界の子孫の実生活の調和にしかないことを知るべきです。

一、正法は科学です。仏教も科学です。調和を説く仏教がどうして非科学なのでしょう。色即是空、空即是色とは、万生万物は循環によって成り立ち、これから外れれば心も肉体も苦しむ、中道の心で生活しなさいということをいっているのです。心配事があれば食事がノドを通らないし、怒れば心臓が高鳴るでしょう。中道に反した感情想念が働くと、血液の血行が乱れ、胃腸の働きも弱る。仏教はそれを教えています。これは立派な科学です。あなたは従来の拝む宗教と、正法とを混同され、観念と、自己満足の宗教を宗教とみているようです。たしかにその意味では、存在価値がなくなるでしょう。しかし、正法、仏教の中身はそんなものではなく、立派な科学なのです。

正法と拝み宗教とを混同しないこと。それに、これからの科学は、正法を中心に発達して行くことでしょう。

文明

問　一、実在界は、今の現象界より高度の文明を持ったところであり、人類が他の天体より天孫降臨して来た当時は、実在界と常に交渉をもっていたといわれます。ところが私たちの知る範囲の人類の歴史では、長い原始時代を送っています。現在の地球の文明を考えますと、この辺のところがどうも理解できません。

一、人類救済のためには戦争、革命、闘争もやむを得ないという考えは根強いと思います。先生の理想とする社会はどんな社会ですか。

答　一、特殊な乗り物によって降り立った人類はあの世・実在界と交信ができ、文明も高かったことは拙著にある通りです。その人類の子孫の生活が、当時より低く、原始時代も長いというのも、あなたが指摘する通りです。ではなぜそうなったか。この点については、まずこういうことを考えてみて下さい。例えば鉄骨ビルを作る技師、工場、図面、そしてこうした方面に働く人びと、それにビルそのものが突然この地上から姿を消したと仮定してみて下さい。おそらく、ビルを建築するには、長い時間と、技師を養成する教育、発明といったものが必要になってくるでしょう。

人類の歴史は、ノアの方舟的現象が何回となく繰り返され、文明が進んだと思うと崩壊し、進んだ時点で再び天災に見舞われ、文明を支えていた科学者、技師、発明者、それに文明の象徴である建築物や機械類が地上から抹殺されていったのです。生き残った人びとの中に、こうした科学者や発明者がいても、工場や資材、研究室、図面や資料がなければ、抹殺される以前の文明にかえるには長い時間をかけなければならないでしょう。

地上文明は常にこうした繰り返しを重ねて来ました。このため、一億年前の文明より、今日の文明が劣っていたり、あるいは文明の方向が違って来ていることは否定出来ないとおもいます。

一、平和のための戦争、それはたしかに人類の歴史であったでしょう。戦争と平和の期間を分けると七対三、あるいはそれ以上の比率になるでしょう。しかし平和のための戦争によって人類は幸せを得たでしょうか、今もって幸せではありません。戦争の歴史は、平和のための戦争が、私たちを幸せにしないことを証明しているではありませんか。

理想の社会は調和の社会です。心の中に争いの想いを持たない社会です。争いの想いは自己保存と足ることを知らぬ欲望から生じます。これを調和させるには人間としての目的と使命をしっかりと自覚することが先決です。

拙著を熟読してもらえば人類の調和はどうすれば達成できるかおわかりになると思います。

まず、あなた自身の心から平和をつくることです。

迷い

問 業（カルマ）は人によって皆ちがい、また、使命や役割も異なると思います。八正道を根底とした生活をすれば、自分の使命がハッキリとわかるでしょうか。心は一念三千ですが、使命を悟れば、迷いに打ち勝てるのかどうか。この辺を説明して下さい。

答 業（カルマ）は執着から生まれます。自己中心のものの考え方が執着を生み、カルマをつくって行くのです。

カルマは大きく分けて三通りあります。その一つ目は先天的なもの、二つ目は両親による肉体遺伝、三つ目は環境です。

先天性のカルマは、気質として現われます、意志の強弱、内向型、外向型、悲観的、楽観的というように。こうしたものは先天性のもので修正に手間がかかります。二つ目の肉体遺伝は血液の型、内臓諸器官の強弱、色盲等々。肉体遺伝についてはこうしたハンディが、ものの考え方や生活の仕方を変え、執着をつくります。三つ目は教育や思想、生活環境によってつくられるでしょう。

カルマというものはこのように片寄った考え方、見方が執着となり、その人の生活を規制し、苦しみに追い込んでゆくものです。

八正道はこうしたカルマを超えて、中道の精神を養っていくものです。

次に人の使命は、万人が万人、一人残らずあるものです。そうしてその使命は現在置かれている環境の中で立派に果たして行けるものです。

使命というと、何か特別な役割のように聞こえますが、本来そういう特別のものではなく、現在与えられている環境を、明るく、正しく、調和された世界をつくって行くことです。主婦には主婦としての役割、ご主人はご主人で外に出て、その周囲を調和して行くのが各人の使命です。

それには八正道の物差しで、片寄りのない自分をまずつくり、人びとをして感化して行くことです。

次に、悟ったならば迷いはありません。迷う間は、悟ってはいないのです。ただ、方法論については考えの違いは出てくるでしょう。人びとを導く場合など、いくつかの道があるからです。しかし、それでも最終的には一致するものです。意見が分かれて統一出来ないということはありません。

迷いは偽我の自分があるために起こるものです。もちろん、迷いの内容が夫婦間の問題とか、仕事、病気といったもので自分で解決つかぬことがあれば相談して下さい。人によっては現在の環境から離れた方が良い、という場合もあるし、その環境に堪えようとしてかえってカルマをつくることがあるからです。

要は、心の中にカルマの種を宿さぬことが大事なのです。

カルマというものは、たえず、ぐるぐると輪廻しています。そのため、なかなかそれからぬけられません。ぬけるためには勇気と努力、そして工夫をもって当って下さい。

霊現象

問 雑誌『旅』の一月号の記事に、ある主婦が突然古代語をしゃべり出し、古代文字も書くようになったといいます。今では十八カ国語を語り、三十人の弟子ができ、全員がペラペラと会話をするということです。心の窓は正法を理解し、実践することによって開くと思われますが、この現象をどう理解したらいいのでしょうか。

答　まず一番大事なことは、そうした現象にとらわれず、現象を現わしているその人の私生活、性格、人柄、そうしたことを知る必要があるということです。

過去世の言葉を語り、霊道現象が現われたといっても、それが本物かどうか、普通ではわかりません。守護霊や指導霊が背後にいて、そうした現象を現わしているとすれば、その人の日常生活は普通の人と変わらず、それでいて、キチンとした生活を送っているはずです。また神理を語り、説得力も持っているでしょう。

ところが、自我が強く、欲望は人一倍であり、中傷や人を非難することが平気であれば、古代語は部分的には本当であっても、背後霊は、竜か他の動物霊とみて差支えありません。こうした霊がその人を支配しているときは、その考えも、行動も一貫性がなく、その場その場の思いつきになるでしょう。

滝に打たれ、神社仏閣などで行を積む場合は、こうした危険が常につきまとっているといえます。

霊道現象というものは、念力によって開くのと、正しい生活行為にもとづいて開くのとがあります。勉強、勉強でそれに振り回されていると、ノイローゼや精神病になりますが、こうした現象も霊道現象なのです。また人によっては、そうした中で突然霊現象が現われ、神がかりになる場合もあります。こういう場合は大抵、過去世で何らかの行を積んでいることが多く、その人の心の状態いかんで、守護霊が出るときもあれば、動物霊が語ることもあります。しかし普通は正法を知らずに霊道をひらくのですから、まずほとんどの人が動物霊の支配下におかれ、不自然な言動が多くなり、行者の末路といわれるような結末になるのです。

モノが当る、病気を治す、霊力がすごい、というだけでその人を信じてはいけません。大事なことは、私たちは三次元のこの世に多くのことを学ぶために生まれて来ているのですから、まず常識的に判断し、霊力を持っているその人の言動をよくたしかめることです。もしその人が正道に適う生活を送り、謙虚で、愛に満ち、人びとを善導しているならば間違いはないでしょう。しかしこういう人は少ないのです。どうしても肉体中心的な考え、行動になって行きます。

こういうことで、これからも、そうした古代語らしきことをしゃべる人が出てくると思いますが、その霊道現象をうのみにせず、それが本物であるかどうか、正法に照らして、見る、聞く、考えることです。

毒矢の譬

問　阿含経に述べられている、仏陀の〝毒矢の譬《たとえ》〟について答えて下さい。

阿含経に次の説話が述べられています。

一、宇宙は永遠か、永遠でないか

一、宇宙は有限か、無限か

一、霊魂と肉体は同一か、別か

一、如来は死後存続するか、しないか

この四つの問題に解答が与えられないことを不満としたマールンクヤ・プッタという弟子は、あるとき、仏陀に迫って、もし返答が与えられない場合は修行をやめ、還俗《げんぞく》するとまで言いだしました。

これに対して、仏陀は次のような比喩で答えました。

「マールンクヤ・プッタよ、ここに毒矢に当った男があるとする。友人や親族の者が集まって医者の治療を受けるよう勧める。しかしその男は毒矢についてのすべてを知らないうちは抜かせまいとする。その矢を射ったのはどんな男で、どんな身分で、どんな種族の者か、皮膚の色はどんなで、どこの者か。毒矢はどんな矢で、何で作られているか、などの問いに対して満足な答えが与えられないうちは抜かせない。そうすれば、その男は答えが与えられないうちに死んでしまうであろう」

この答えに対して、ある仏教学者は、仏陀はこの問いに答える能力がなかったと推論し、仏陀の根本思想は「人生は苦なり」であり、人はどうしたら解脱出来るか、という点のみに腐心し、社会を無視した。仏陀の思想は無神論であり、唯物論、現実肯定であったというのですが、サテ、この比喩をどう結論づけたらよいのでしょう。

答　人間にとって一番の幸福は何でしょう。それは心の安らぎのはずです。宇宙は永遠か、有限かを知って、その人は心の安らぎを覚えることが出来るでしょうか、出来ません。頭に知識をいくらつめこんでも、心の安らぎを得ることは出来ないのです。心の安らぎは、瞬々刻々、変化してやまない己の心を知り、執着から離れ、その心を自然の法に乗せたときにのみしか得られないからです。

解脱とは、千変万化の心の動きと、それにもとづくさまざまな執着から、己の心を離すことの出来た状態をいうのです。

仏陀の比喩は、こうした中身を含みながら、毒矢に例えたのです。毒矢を射った者は誰か、どんな種族か、矢は何でつくられていたかなど、いちいち詮索《せんさく》していたならば、毒矢に当たったその者は死んでしまう。今ここでいちばん緊急を要することは、一刻も早く、毒矢を抜き取り、一命をとりとめることです。助けることとです。

宇宙はいつ出来た、如来は死後存続するかなどと詮索しておれば、五十年、六十年の生涯はまたたく間にすぎてしまう。せっかく、人間として肉体を持ち、この世に生をうけたのですから、その短い生涯のうちに、もっとも緊急を要する「心の安らぎ」を得ることの喜びを悟って、現世の人びとに、その喜びを分かち与えて行くことの意義をいっているのです。

人の魂は転生輪廻を重ねますが、単体（本体あるいは分身）の出生は千年、二千年に一度の機会しかありません。そして、現象界は、またとない学習の場であり、調和を目的として生きている以上は、学習の場を最大限に生かすことの意義を理解すべきでしょう。

仏教学者W氏が、仏陀の比喩を称して答える能力がなかったということですが、仏教が今日、知と意に変わり、大衆から遊離したのも、これら学者の、仏典などの文字にとらわれた推論が原因しています。仏教は思想ではない。自然が教える生活の在り方なのです。

「人生は苦なり」であって、仏陀は、解脱することのみしか説かなかったようにいわれますが、これもちがいます。

人生は本来、喜びなのです。その喜びを喜びでなくしているものは、ほかならぬ自分自身であり、五官六根にほんろうされた自縛のゆえなのです。解脱とは、人間本来の姿に帰ることであり、そうして、その法悦を、人びとに及ぼすものです。社会を無視して、自分があるはずはありません。人は社会の中にのみ、生きることが出来ます。

個人と社会というものは、二つであって一つです。己の心を知ることは、社会を知ることです。己の心を知ろうとせず、社会の現象に目を奪われていては、社会も、自分も、知ることは出来ません。なんとなれば、自分の心を知ることは、社会を構成している人びとの心を知ることとなのです。

肉体は別々でも、人の心は一つなのです。

学者W氏は、仏陀は無神論であり、唯物論であり、現実肯定ということですが、もし、この方が本当にそう仏陀をみているとすれば、気の毒な方だと思います。

仏陀の解脱、観自在力、奇跡、神理の言魂（仏陀が説いた法話）などを理解されると、仏と神との不可分の関係が明らかになってくるでしょう。キリスト教は神、仏教は仏とみて、神と仏は別個の存在のようにみるのは、聖書や仏典の文字にとらわれるためです。

人の心を理解し、心を通して聖書を読まれ、仏典をみてくると、神と仏、つまりイエスとブッタの説いている真意が理解されてきます。

神とは、宇宙に遍満するエネルギーであり、法であり、無限の意思なのです。その法なり、意思にふれて、神の意を現実に生かし、人びとを導いていく者を如来といい、仏というのです。

仏陀が唯物論者であるかどうか、この理を理解すれば、こうした解釈は出て来ないはずです。

仏教は中道を教えているのですから、肉体をもおろそかにはしません。しかし、中道の根本は心であり、心は神につながっているのですから、神と仏とは、不離一体を成すものなのです。

解釈の出発点がひとつ間違うと、すべてが違ってきます。頭で理解しようとするから、違ってくるのです。

現象界が混乱と不信に満ち、争いが絶えないのも、人の心の何たるかを知らず、心をおろそかにした生活を送るからなのです。

宇宙の永遠を知る前に、自分の心を知るべきです。自分の心が理解出来れば、宇宙が永遠かどうかも理解されてくるものです。

第三章　ひびき

正直

自然は正直である
冬に雪を降らせ　春に花を咲かせる
人の心も正直である
心は己自身の偽りの証を述べることを拒む
自然も人間も　神仏という大心にかたく結ばれているからだ

苦悩

夜空の星　太陽をとりまく惑星集団は一糸乱れぬ秩序のなかにある
その分を守り　天命のままに従っているがゆえである
人の肉体も同様である
小宇宙として調和されている
人の世も　それぞれが分を守り　天命を知るならば　破壊や苦悩は生じて来ないものだ

執着

傲慢　逃避　中傷　嫉み　愚痴　争い　独善　排斥　差別　自己顕示　自己満足——
これらは人の心を毒す
なんとなれば　その想念行為は執着に根があるからである
執着の想念は　神仏の心からもっとも遠い距離にある

死を急ぐ

空を飛ぶ鳥は　地上に倉をつくることをしない
地上の動物も　その日の生活に満足している
明日の糧を求めて　相争うのは人間だけだ
鳥や動物はその日の糧で生き永らえている
人は明日の糧を求めて死を急ぐ
人間よ　眼をひらけ——

正法

正法とは　大自然の法則をいう
春夏秋冬の四季　昼夜の別　生者必滅　因果応報
すべて　ことごとく　正法に適わぬものはない
自然の姿が変わらぬかぎり　正法も変わらぬ
正法は永遠である
人が永遠の生命を得ようとするならば　正法を学び行じよ
自然は常に　地上の人間に　生きる方法を教え　慈悲を与えている

神理

真は偽の反対　偽があるから真があると人は見る
だが　正法の理は　神の理をいうのである
つまり正法の神理は　自然が教える教えなのである
類は友を呼ぶ

心は万物を生かし　愛はすべてを癒す
水は低きに流れる
心まるければ肉体もまたすこやかなり
己に生きる者は人をも生かす……
正法にもとづく神理は　永遠にして不変である

行

行のない正法はないのである
正法は生活のなかに生かされ　生きているからである
自然を見よ――
自然は　一刻の休みもなく動いている
停止はない
自然は常に動き　常に行じ　行ずるから正法がそのまま生きている
正法は　行じて　はじめて生かされてくる

正法は知識ではない
観念でもない
あくまでも行なのである
正法者は　行じて　はじめて自然と一体になる

想念

生命あるものはすべて輪廻している
地上の四季がそうだし　万物はすべて変化変滅をくりかえす
人の想念も輪廻の循環を続けている
悪を想えば悪が　善を想えば善がもどってくる
幸せを求めたいならば　まず悪の想念から離れることだ
怒り　憎しみ　そねみ　しっと　中傷など　こうした想念をつみとり　責任　博愛
勇気　努力　向上など　善の想念をいだくように心がけることである
人の幸　不幸の根本は　毎日の想念の在り方にかかっている

幸福者

多くのモノを持つ者と持たざる者
そのどちらが幸せであろう
持つ者か　それとも持たざる者であろうか
もしも多くを持つ者がそれを失うまいとし　持たざる者がそれを欲するとすれば
そのいずれをも不幸であるといわざるを得ない
一日の食糧は数片のパンで十分であるし　居住の空間は数平方米で足りるからである
物の多少に幸　不幸があると考える人は　本当に不幸である
なぜなら　自分自身を含めて　あらゆる物質は
やがては　大地や大気に還元されてしまうからである
幸せな人とは　失う物のない人をいう

慈悲　愛

この地上も大宇宙も　神仏の慈悲と愛によって動いている

人間もまた　慈悲と愛の心の所有者である
正法という神仏の法にふれた者は
まずその心を体し　その意をくみ　実践する者でなければならない
慈悲を法にたとえれば　愛は法の実践である
慈悲を神仏とすれば　愛は人間の行為を意味する
それゆえ　慈悲は万生万物に無限の光を与えるものであり
愛は寛容にして　助け合い　補い合い　許す行為をいう
間違えてならぬことは　慈悲も愛も　自ら助ける者にその光は与えられるということである
その心のない者　実践をいとう者には　光は届かぬ
愛を求める者は　愛の行為を示せ
慈悲の門をくぐろうと欲する者は　法の心をくみとれ
末法の世を救うものは正法であり　慈悲である
慈悲を生かすものは愛である

慈悲を神仏の縦の光とすれば　愛は横の光である

柔和

怒ってはならぬ　怒りは　そこにどんな理由があるにせよ　その波動は
やがては己に返り　魂の前進をはばむことになるからである
己に厳しく　人には寛容の態度を決して忘れてはならぬ
柔和な心は　神の心であり　法の心でもあるのである

妥協

妥協はぬるま湯につかったような気分に似てすっきりしない
妥協には自我が伴うからだ
しかし妥協によって　一刻の平衡が保たれているのも事実である
たがいに自己主張を通そうとすれば　この世は一瞬にして　暗黒となろう
妥協は　破壊を防ぐ一時しのぎの防波堤の役を果たすが　永続性はない

妥協には心からの共感がないからである

愛

調和は無限の進歩と安らぎを与える
調和の根底には愛が働いているからだ
愛には自己主張がない
おごりがない
へつらいがない
喜び悲しみがあったとしても　それにとらわれることがない
苦しむ者があれば　その苦しみを癒し　悲しむ者には光を当てて生きる希望を与えよう
愛は神の心であり　私心を去った　調和への偉大なかけ橋なのだ
この世に愛が満つれば　地上に仏国土が誕生しよう
神はそれを望み　辛抱強く見守っている

とらわれ

執着の心がある間は　人間の苦しみ悲しみは消えることがない
執着とは「もの」にとらわれることである
こだわることである
とらわれの原因は生老病死であり　それは五官六根を通してつくられてゆく
執着から離れたいと願うなら　まずものを正しく見ることからはじめよ
正しく見るためには自己の立場を離れ　客観的な目を養え
そうするとしだいに「もの」の実相が明らかとなり　とらわれの心から解脱するようになる

自由

人の心は一念三千といって　無限の自由と　無限のひろがりを持っている
その心がひらくと　この世だけでなく　あの世の姿も見通せる
さらに　大宇宙の果てにまで旅することもできる

執着の心が消えると　心の自由自在性を身をもって体験することができようし
人間の実相を　はっきりと自覚することができよう
人がその心を獲得すると
執着の心がいかに小さく　せまく　頼りなく　そのおろかさを悟ることができよう
真の自由は　執着の心を捨てたときからはじまる

夢

夢をみない人はいないだろう
しかし　その夢を適確にとらえる人は少ない
夢は　そのときどきの　本人の想念と行為を
もっとも抵抗なく　偽りなく表現するものであるからだ
夢は心の窓でもある
めざめているときは　周囲の目や　自分の意志によって押さえられているその想念が
夢の中では　まるで意志を持たぬ生物のように　自由気ままに動いてしまう

夢の中で正しく行為することができるようになったときに　その人は本物になったのである
その想念と行為について　悟りを得たといえよう

運命

運命にほんろうされてはならない
正法を行じる者は　運命を超えてゆく自分を確立することができる
運命はもともと自分がつくり出したものだが　その運命に執着をいだくと
それに心をしばられ　ますます身動きできなくなってくる
運命から自分を切り離すには何が大事かといえば　まず他人の目で自分を眺めることだ
すると　その運命の道筋が明らかとなり
運命の原因をはっきりと　とらえることができよう
客観的な心が養われ　他人の目で自分がながめられるようになればしめたものである
自己の運命に苦痛を感じないばかりか　他人にたいしても

博愛の心が大きくひらいてくるだろうからである

勇気

人が調和ある中道を歩もうとすると　因習や周囲の環境　意見の相違などによって
その前進をはばまれることがあろう
しかしそうしたことを恐れては　現状に甘んずるほかはない
正法を実践するためには　努力と　勇気と　知慧が必要なのだ
因習や意見の相違をたやすく乗り切るためには
相手の心を傷つけないように　知慧を使い　勇気をもって努めることである
目的のために蛮勇をふるっては　かえって波紋を投じよう
仏智は　自ら努める者に与えられよう
神は　求める者の心に応じて　道をひらいてくれよう

責めるな

人を責めてはいけない
人を責める前に　まず自分を省みることだ
たいていは　自分の心を　自分で非難していることが多い
自分の周囲に起こった諸現象は　自分に無関係であることは絶無といってもよいからである
しかし　なかには光にたいする陰の場合もあるであろう
その場合は　時を待つことだ
縁無き衆生は　時が経たねば　救うことはできないものだ

愛

愛と憎しみとは　諸刃の剣のようにみる者がいるが　そんなことはない
憎しみは自己保存であり　憎しみをかくし持った愛は　愛とはいえない
愛に自己弁護はない

愛に立場はない
愛に報償はない
愛に自我はない
愛に甘えはない
愛に苦しみはない
愛に楽しみはない
愛には　神の心しかない
神の心とは調和である
助け合い　補い合い　許し合える　その心が愛の心に通じ
その行為が　神の心につながって行く

誘惑

悪魔は人を誘惑することはない
誘惑は　己自身の心のうちにある

経験

人は　ややもすると平坦な道を選びたがるものだ
しかし多くのことを知るには　多くの困難に当たらないと知ることはできない

悟り

まず己を知ることだ
今の己を知ることのできない者は　永遠に　悟ることはできないだろう

実践

人は反省することによって前進する
しかし反省の功徳は　反省後の中道の実践にかかっている
実践のない反省は　観念の遊戯にすぎない

勇者

真に努める者は勇者である
勇気は知恵から生まれ　智慧（仏智）は怠りなく努めるそのなかから生ず

今

明日を頼むな
人の生命は今を置いてほかにない

行い

人を見るには　言葉より行いをみよ

天国と地獄

天国も地獄も　人の心が創り出す
天国の住者は　布施（慈悲）と　他を生かす協調（愛）の行為のできた者

地獄は　我執に心を奪われた者が集まるところである

一歩一歩

正法は　一日怠れば一日遠ざかる
一年怠れば一年離れる
僥倖という文字は　正法にはない

奇跡

奇跡は　自ら助ける者に与えられる
正道に励む者の報奨として
自覚の機会として
迷いを打ち消す証として
神が与えてくれた慈悲であり　愛である

安心

安心の境涯は誰のためでもない　自分のためである
人をうらみ　そねみ　ぐちり　逃避に自分を置くと　それだけ正法から離れることになる
自分が愛しいと思うなら　まず行ずることだ
今生で行じられない者は来生で　来生で行じられない者は再来生で
いつかは行じなければ　安心という至宝を手にすることはできない
一秒一秒の歩みが　彼岸に通ずる貴重なかけ橋であり
人も正法も　そのように仕組まれていることを忘れてはならない

自分との戦い

正法は自分との戦いである
己に克つことである
業の自分に負けると　その分だけ来世に持ち越し　もう一度やり直さなければならない

二つでも三つでもいい
己の業を正し　正道生活の一頁を飾るようにしたい

毒

人の中傷　ねたみ　うらみをそのままうけとり　相手を非難すると
中傷　ねたみの毒を食べたことになる
毒は体をこわし　周囲を暗くする

波動

己に一点のやましさがなく　心の鏡を磨いておくと
人の非難は　発信者のもとに勢いこんで返って行く
人の想念は光と同じように　波動と速さを持ち　必ず発信者に返って行くものであるか
らだ

業

すべてのものが循環するように　業もまた循環する
業の循環を断ち切るには　努力と勇気が必要であり　知恵を働かせば　効果はもっと速まる

極楽

あの世の極楽を望むために正法を学ぶのではない
現在の極楽（心の安らぎ）を得るために行ずるのである
極楽も地獄も　現在の自分の心のなかにある

現象利益

現象利益を求める信心は　信心ではない
信心とは　ウソのいえない神の心を信ずることだ
正法にめざめてくると　人は　義務と責任の生活になってくる

現象利益は　そうした生活の中から　自然に湧いてくるものである

平等

守護霊はどんな人にもついており　その人の心に応じて指導霊が指導してくれる
自分はダメだ　これでいいのだ　といってあきらめてはならない
人間は皆平等であり　神は公平であることを忘れてはなるまい

愛

山を動かし　海をわかち　川をせきとめる力があっても　愛には抗《あらが》えない
愛は　すべてを癒す神の心である
人を救うものは超能力ではなく　愛の力であるからだ

さばき

思うことは現われる

思うことは創造の出発点である
ぐち　怒り　不信　中傷　我欲……
悪の思いを心の中につくりだしてはいけない
神のさばきは　形よりも　心の姿を見る

信頼と理解

親子の道は　愛と義務　信頼と理解とによって生かされる
主義主張におぼれ　執着や偽我に流されてくると
家庭は　不信と疑惑を招き　生活の基盤を失うことになる

自戒

忍耐は　ひとつ間違うと執着となり　自信は　すぎると増上慢となる
ものには表裏の相がついてまわり　人の心は　悪に染まりやすい
常に　自戒の心を忘れてはならない

努力

人は結果のみに期待し　努力を惜しむ悪いクセを持っている
人生の意義は　結果ではない
努力する過程のなかに価値があり　光がある

役割

人は皆平等である
平等という意味は　神の前に　人間として平等であるということだ
能力　顔立ち　容姿などの相違は　平等不平等に関係がない
もしこうした点ですべてが同じであったなら　この世の修行も
それぞれの役割も必要としない
ちがった形でこの世に出てくるので　魂磨きが可能なのだ

全なる心

五官に左右されると　自分を見失う
五官を超えた九〇％の意識　全なる心に　自分の意を合わせ　生活することだ
そうすると色心不二という中道の心を知ることが出来る
全なる心は　第三者の立場に立った公平な見方　考え方　念じ方によって
とらえることができるものだ

体験

体験は尊い
体験こそ正法を知る大きな手がかりであるからだ
しかし　体験　体験といって　体を動かすことだけが彼岸に至る道ではない
考えることも　人の話をきくことも体験の大事な要素である
何事によらず　一方に片寄ると　実りは少ない

義務と責任

欲は　偽我と執着から生まれる
欲がないと人は生きられないと思われている
しかし　人としての義務と責任を自覚し　これにもとづいた想念と行為があれば
自分を生かし　人をも生かして行くものだ

足ること

足ることの生活は　人間としての自覚を基礎におけば　よりたしかなものとなろう
足ることの限界は　心に抵抗があるかないかによって判断出来よう
期待や我慢が内にある間は　足ることの限界点を踏み出しているといえる
足ることの中身は　それゆえに　人によって皆異なり　千人千様といえよう

忍辱

正法は自力であり　己の限界を試すことも必要なことだ

忍耐　たえしのぶことは　自分を向上させる意味で大事なことだし
正法を理解したならば　実践し　その限界点を上げるようにしたいものである

謙虚

一升のマスには一升の水しかはいらないように　人にはそれぞれ器というものがある
おごり　高ぶる心ほど自己を見失うものはない
慎しみ　自戒し　謙虚な心こそ　神の心に適うものである

神の道

悪の道は入りやすく　神の道は毛穴よりも小さく　忍苦を伴う
今の自分がどの道を歩いているか　すぐにもわかることである
神の道を行くか　悪に身をまかすか　その選択は誰でもない　自分自身である

五体

肩の力を抜くと怒る心がおさまろう
悲しみが襲ってきたら大きく背伸びせよ
判断のつかぬときは　天を仰ぐことだ
あせりが出たら　瞑目し　心を静めよ
人の心は一念三千　しかし五体（肉体）の動きで　心の針を平常に戻すこともできるのである

青空

正法は　神の子の己の心を信ずることである
我があり　期待があり　望みがあり　執着があり　損得がある間はその心ではない
幼子のような　雲ひとつない無我の青空こそ　己の心である

無我

無我の心に照らして自分をみる
八正道の正しさは　その極点にいくと　無我の心となる

重荷

人の一生は重荷を背負い　坂道を上るものというが　そんなことはない
重荷も　坂道も　我がつくり出したもの
我を捨てれば　心は軽く　人生の喜びを覚えよう

前進

時は前に進むのみである
人も後へ退《さ》がることはできない
ならば　貴重なこの人生を有意義にすごすべきではないか

公平

天は公平にして無私　人もまた平等にして差別なき心の所有者である
だのに人の世は　能力の別　好みの別　体力の別　知識の別　節度の別
喜怒哀楽にも相違がでてくるのはなぜであろうか
働く者と　その義務を怠る者
行動する者と　傍観する者
学ぶ者と　遊楽にふける者
今日に生きる者と　明日をたのむ者
自分に厳しい者と　人を責める者
愛深い者と　薄い者
和合を旨とする者と　争いの種を蒔く者
謙虚な者と　自分を高く見せようとする者
責任を果たす者と　依頼心の強い者
足ることを知る者と　欲深き者

こうした相違が　平等であるべき人間に不平等をもたらしている
しかし　天はけっして不平等には扱っていない
現在のそれぞれの人の姿は
過去　現在を通じて　集約された自分自身をつくりだしているからである

灯台の灯

愛とは寛容である
包容である
許しである
もしこの地上に愛なくば　人の世は水のない砂漠をゆく旅人に似て
飢渇に泣き　他をかえりみるいとますら生まれてこないであろう
愛は　助け合い　補い合い　かばい合い　許し合えるその中に生きている
義務　責任　勇気　献身――
こうした行為は　愛のなかから生まれる

愛は　神の光である
地上の灯である
暗闇にさまよう人びとの心にうるおいをもたらし　生きがいを与えてゆくものである
愛とは　まさに灯台の火なのである
だが　愛におぼれてはならない
愛は峻厳である
愛は自分にうち克つ者　より向上をめざす者に与えられるからだ
灯台の火は　それを求める者に与えられる
灯台の火は　船を動かすことはできない

意思

人は差別なく全員悟ることができる
早いか　遅いかの違いだけである
しかし早く悟れば　それだけ自由が早まり　遅れれば苦しみの期間が長くなる

どちらを選ぶか　それは各人の意思が決めよう

苦の種

楽は苦をつくり　苦は修行と考えよ
人は誰しも楽を求め　苦から遠ざかろうとするが　それは間違いだ
苦の種を宿さぬようにしたい

悪

悪を犯さぬ者は　ひとりもいないだろう
悪とは自我（偽我）であり　足ることを知らぬ欲望であり　自己保存である

悟り

表面意識は悪である
潜在意識は善である

これを知った者は悟りの段階に入ったといえよう

先祖供養

先祖供養とは　過去世で修行した生命の兄弟たちに劣らぬ自分を磨くことである
それがまた　肉体先祖の供養にもつながる
時の流れにゆだね　今世の目的を忘れれば　天の配剤を自ら汚すことになろう

真・善・美

真・善・美——
真（しん）はまこと
善（ぜん）は行為
美（び）はその結果である
まことの行為は　神が人間に与えた祝福のはなむけだ
美とは神の光である

人間は　誰しもこの三つを具有し　生きてゆくものである

諸行無常

諸行は無常の中にある
生ある者は滅し　一日は今日しかない
変化変滅の現象界にとらわれず　生き通しの自分を発見する者こそ
安らぎと調和が与えられる
諸行無常の真意を理解せよ

とらわれ

見て見るな　聞いて聞くな　語って語るな——
心にとらわれがあると　心定まらず　自己を見失う

真の勇者

真の勇者は　過去にとらわれず　未来を望まず　今に生きる者をいう

地位・名誉

学識や地位　名誉や優劣の感情に心が揺れる間は
人は　苦界の淵から抜け出すことは出来ない

解脱

解脱とは　怒り　そしり　嫉妬　愚痴　中傷　貪欲　その他さまざまな偽我
欲望想念から超えて　因縁生起の原因を見極め　輪廻の制約をうけぬことをいう

転生輪廻

人の魂は転生輪廻という神仏の計らいから　一歩も外に出ることはない
なぜかというと　人は神仏の子であり　神仏自身であるからである

神仏は無限の進化をめざし　無限の調和を目的としている
人の転生は　この目的のもとに永遠に続いてゆくものである
人がもし　この意に反し　恣意を求め　自我に身をおけば
その人は　その分量だけ償いの労をとらなくてはならない
物質もまた輪廻をくりかえしている
集中　分裂という過程を通して　そのエネルギーは永遠の活動をつづけている
その活動の目的は　生命の転生輪廻を助け　あるいは媒体としての役割を果たしている
生命も物質も　このようにして　転生輪廻という神仏の法の下に
神仏の目的を果たすために　生かされ　生きている

意識

人が目覚めているときは　肉体が自分と思っている
しかし　眠っているときの自分は　肉体が自分と思ってはいない
肉体の自分は　何もわからず　無自覚であるはずだ

これは意識が　肉体から離れるからである
親も兄弟も　妻も　子供も　友人も　職場も何もわからない
目がさめて　はじめて肉体の自分を自覚し　妻や子供のあることを知る
ということは　この世のいっさいのモノは　自分という意識がなければ
この大宇宙も　地上界も　自分の肉体も　認知することができない
それほど　自分の意識というものは偉大であり
己の意識は　宇宙大のひろがりを持っているものだ
この意識こそ　神の心に通じた己の心である

感謝

私たちは裸で生まれたが　裸のままでは生きられまい
衣食住という自然の恵みを得て　はじめて生きる希望が湧き生存を可能にしよう
自然の恵みを無駄にしてはならない
物を大事にするとは自然の恵みに感謝する行為なのである

自然を生かす

万事は循環の法にしたがっている
心も　肉体も　自然も
人が欲望に翻弄され　自然を欲望の具にすると　自然は循環のバランスを崩し　死に至る
自然の死は　人間の死につながる
自然を生かす工夫を怠ってはならない

危機

人類が現状のままで進むと　衣食住の危機に見舞われよう
それもそう遠いことではない
今こそ人類は自然の環境を整備し　自然と人間の調和を図らなければならない
それにはまず　足ることを知った生活をすることだ

己を知れ

神の存在を知りたいと思うなら　まず　自分の心を知ることだ
自分の心を知ると　そこに神の偉大な英知と　慈悲と　愛の営みを発見することができよう

寛容

生活には妥協が伴う
しかし　心まで妥協し　調和を崩すと苦悩が生じてこよう
己に厳しく　人に寛容こそ正法の生き方といえよう

集団

人は単独では生きられない
これでは一代限りである
人は集団で生活し　助け合って生きてきたからこそ　人類に歴史がある

人は集団の中で生まれ　育ち　成長し　魂が向上される
逃避は神の意志にそむく

才能と人格

人の才能は　絶ゆまざる努力と　工夫とによって育ち　成長する
才能はその人の宝といってもいい
しかし才能が　その人のすべてを表わしているとはいえない
才能と人格とを混同し　才能を優先すると　現代のような混乱した社会を招く
神が求めるものは　その人の人格である
その人の全人格が　神の心に適っているかどうかが問題なのだ

貴賤

人の貴賤は生まれではなく　その人の生活態度にある

想念

すべての出発は　心にある
想念にある
想とは心の上に相（かたち）と書く
念は心の上に今と書く
想念とはそれゆえに　心の中で常（今）に相（かたち）を描くことをいう
発明　発見　善悪　美醜は　すべてこうした想念によって生み出され
形となって現われてくるものだ

使命

太陽系は太陽を中心に　九つの惑星と　三十二の衛星が　整然と歩調をそろえ
決して気ままな行動をとることをしない
これと同じように　人にはそれぞれ器というものがある
人はその器にしたがって　今世での役目を果たしてゆく

人間の五体が　五体として成立するには　各諸器官の有機的な機能が必要である
それぞれが自己主張し　手足が頭を　頭が腕を望むとすれば　どうなるであろう
五体はバラバラとなり　人間は一日として生存することができないではないか

一つの悟り

悟りというと　宇宙即我の体現のように思われている
事実それにちがいない
しかし　悟りの本来の姿は　自分の一つ一つの心の歪みを修正することであり
これへの精進につきるのである
それゆえ　その毎日の日常生活において　自分が気付いた欠点を正し
その正した事柄が　無理なく自然に行えるようにすべきである
悟りというものは　自分の欠点を修正し
その修正した事柄が　無理なく行じられたときにいえる言葉なのである
そうして　一つの悟りは　大きな悟りを導くカギを握っている

正しく見ることが出来れば　正しく思うことも語ることも　自然に整ってくるものである
決して忘れてはならない
身近な　現実の　自分の想念と行為について　一つでもいい　悟るように心がけよ

自由人

風流に身をまかす人　俗界から超然とする者が　自由人のようにいわれるが
真の自由人とは　社会的な制約の中にあって　それにとらわれず
為すべきことを果たして行く者をいう

無償の行為

天使（如来）は　人の中にあっても　もまれず　汚されず　人びとの意識を高め
神の祝福が与えられるよう　無償の行為をいとわぬ者である

天使

天使は人を見て　人にとらわれない
社会を見て　社会に動かされない
常に神の心に住して　その心で毎日をすごす

足る者の心

足ることは　自己満足　小成に安んずる　欲望を押さえることではない
明るく　積極的に　正道の生活を実践する者をいうのだ
それゆえ　足る者の心は　人生の目的を知り
いやしくも欲望に動揺し　現象にとらわれることはないものである

真の人間

真の人間は　常に主体性を持ち　心は豊かで　自由であり　それでいて連帯意識を持ち
社会の義務を果たし　人びとの心を明るく　素直に

そうして　その喜びを分かち与えて行く者である

現代

現代にとって　もっとも必要なことは
長い歴史の過程で積み重ねた　人びとの自己保存をくつがえし
自由と連帯の　本来の人間性を回復させる努力を　惜しまないことである

思想　習慣

思想はその人の行動を束縛し　反省のない生活習慣は　執着心をつくってゆく
思想や習慣のズレは　親子の断絶を生み　嫁と姑の争いの種になる
労使の対立　信義の崩壊もまた然り
地上に調和と進歩を願うならば　自己中心の欲望から離れた反省と
それにもとづいた生活行為を為して行く以外にない
そして　それはまず　自分から行じることが必要だ

悪のにがさ

悪は思ってはなるまい
しかし悪を思わぬ者はいないだろう
悪を知らなければ　善のよさも　愛の尊さもつかむことはできない
私たちは悪のにがさを知ることにより　より豊かな　愛の心を理解することができよう

第四章　正法について

正しい循環

ウソのつけない自分の心

「おめェー、信心とか信仰とはどういうものだと思う？」

「神さまに手を合わせることじゃねェか……」

「神社、仏閣などにいってか？」

「……まあ、そうだな」

「じゃあ、神社仏閣へ行って、なんのために手を合わせるのだ」

「そりゃあ、家内安全、商売繁盛を頼むのさ」

「頼んでご利益あるか？　俺の知人がこの正月に成田山に行って、その帰り道、自動車にはねられ、死んだよ」

「そりゃ信心が足りないからだ。信心が厚ければそんなことはねェさ」

「ところがその人は、常日頃、非常に信仰心の厚い人なんだ。月に一度は必ずお参りにいく。布施もする。人柄だって悪くない。その人が、アッという間に死んだ。これをみて俺は、いったい、この世の中に、神様とか仏様はあるんだろうかと思ったね。日本には随分と、いろいろな教団や教えがあるらしいが、サッパリよくならねェじゃねェか。悪くなる一方だ。第一、神様や仏様が多すぎる。仏教一つとっても何百何千だろう。その何百何千が、我こそはとやっている。おかしいと思わないか？……俺は思うんだが、信心とか、信仰というものは、そんなものじゃねェ。神様、仏様に手を合わせることじゃねェと思うんだ」

「……じゃあ、どうすりゃいいんだ」

「俺にもよくわからねェが、神様、仏様が頼りにならねェとすれば、頼りになるのは、自分しかいねェってことになるなあ……」

「………」

「人にはウソはいえても、自分にウソはつけねェもの。自分にウソがつけねェってことは、自分の中にも、神様、仏様があるってことじゃねェのかなあ……。だから、手を合わせるとすれば、ウソのつけない自分に、手を合わせるより仕方がねェと思うが、おめェ、どう思う」

「……」

この会話は、ある寒い朝の、地下鉄の中での風景であります。二人とも中年の出稼ぎ労働者らしく、言葉はぞんざいですが、話の内容は、筋が通っています。近頃、珍しいと思って紹介しました。

この会話にもある通り、家内安全、商売繁盛のご利益信仰は、今や世上を覆っています。科学万能といわれながらも、これと併行して神信心が流行するのも、人間は一寸先が闇であり、同時に、自己保存の念がますます強くなっているからです。信仰の目的が自己本位、自分さえよければ、という考えに根ざしているからです。

神信心して交通事故に遭うのも、こうした、利益追求、自己本位のあやまった心の状態が原因になっている場合が多いのです。人間は、信仰するしないに拘わらず、各人の運命そのものは、自分がつくり出していることを知らねばなりません。運命とは、命を運ぶことであり、命とは、己自身でありますから、己自身が黒い想念に支配された場合は、黒い想念に運命をまかすことになってしまいます。成田山に行って死に見舞われるのも、その人の信仰そのものに、どこか間違いがあり、その黒い想念によって、やがて、動物霊の支配下に自分を置いてしまったと考えられます。人間は、肉眼の範囲でしか物を見ることが出来ませんから、動物霊というものが、どういうものかわかりません。しかし、動物霊は、厳として存在しています。動物はもともと自己本位ですから、こういうものが人間に憑くと、その人はやがて、動物本能に左右され、人間としての自覚がなくなってしまいます。自分に危害を与える者には徹底した憎悪を持ち、敵対意識が常に自分を支配する。ところが、この世は、自分一人で成り立っているわけではないし、人と人とが和合し、助け合うように出来ているのですから、調和を乱す想念は、やがて、その運命にも影響を与え、悪い想いは悪い結果を招くことになるわけです。

――類は類をもって集まる。

これは神理です。法則です。従って、神社仏閣に行って、各人が利益追求のみを願ったとすると、その想念は、やがてその神社、仏閣を包み、動物霊の住家となり、そこにきた信者が、もしも自己本位で手を合わせれば、そこにいる動物霊を呼びこむことになるのです。

信心は厚いが、年がら年中病気が絶えない、商売がうまくゆかない、お参りに行って交通事故に遭った、というのは、たいてい、こうした動物霊信仰に身をおく場合が多いのです。

仏教もキリスト教も心を説く

「人にはウソはいえても、自分にはウソがつけねェ」という考え方は、真実そのままであり、人間の姿を、ありのままにみつめた正しい信心であると思います。

人間、神の子、仏の子といわれる理由も、また、万物の霊長といわれるゆえんも、ここにあります。

人間には、心があり、心は神仏に通じています。なればこそ、自分の心にはウソが言えないのです。ですから、信心とは己の心を信ずることです。ウソの言えない己の心を信じ、その心の命ずるままに、日々の生活を送るようにすれば、間違いはないということなのです。信仰とは、ウソの言えない己の心に問う、聞くの反省の生活です。こういうことが、これまで非常におろそかになっていました。神社仏閣に行って、手を合わせることが信心、信仰であるとしたり、あるいは、ある集団に所属することが信仰である、というものではありません。神仏と人間を切り離した考え方に、大きな間違いがあったと思います。人間、神の子、仏の子であり、ウソのつけない心があるとすれば、その心を、しっかりとつかむことが必要ではありませんか。

釈迦の教え、イエスの愛は、こうした正しい信心、信仰を求めています。知と意で組み立てられた仏教や愛の在り方について、その誤ちを訂正する時期が来ているのです。どういうことかといいますと、今日では、釈迦の慈悲、イエスの愛は、すっかり哲学化され、お経はあげるもの、信仰は祈るものと変わってしまったために、神理の光が、影をひそめてしまったからなのです。

仏教もキリスト教も、その根本は、心の教えであり、人間は心であり、正しき心こそ、信心、信仰の対象でなければならないとするところにあります。

人間は、知情意がそろって、はじめて円通無碍《えんつうむげ》な人柄となり、神仏の光を、体全体にうけることになりましょう。知とは知恵、情は心、意とは、意思、己です。この三つの中心が、情、心です。情は心の現われであり、それがあまり表面的になりますと感情になり、感情は、己を失う結果になりますが、情が心となり、神仏の光を大きくうけるようになりますと、知は智慧（仏智）となり、意は、大我となるのです。それゆえ、情は、知と意の間に入って、両者を支えています。もしも、情がなく、知だけの人間になりますと、自分を見失うばかりか、人と人との交流が阻害されます。また、意の人間は自我が露骨となり、自ら、その首を締める結果となりましょう。それですから、情、心がいかに大事であるか、心を整えることこそ、信心、信仰の対象としなければならないと思います。

そこで、いったい釈迦の正法とは、どういうものかといいますと、正法とは心です。心そのもの、人間それ自身であり、宇宙全体でもあります。正法そのものについては後ほど述べますが、その正法は、かつてインドで説いた釈迦の教えが、そのまま、現代に再現されたといってていいのです。

といいますのは、万古不滅の神理は、己の心を開かせ、これまで考えてきた、小さく、みじめな人間観から解放することができるからです。そうして、そうした解放感から、一歩も二歩も先に自分を進めることが出来れば、知情意の三体は、自然と整ってくるのです。

現在、私たちには、霊能者が百数十人にのぼります。この人たちは、正法の神理にふれ、心を開いた方々です。かつて、イエスがその弟子たちに霊能を開かせ、異言を語らせたのと同じようなことが、現実に、私たちの身の回りで起こっています。霊能というと、いかにも、特殊な人間、特殊な修行を連想させますが、人間は誰しも、そのような能力を持っており、各人の心は、本来、すでに神仏と通じているのですから、当然といえば当然なことです。

「求めよ、さらば与えられん」

これはイエス様の言葉ですが、人は求める心に応じて結果が出るものです。霊能も、その一つです。私利私欲で求めると動物霊、魔王がその人を支配します。神理にもとづいた霊能は、正しい生活の上に立って開かれてゆくものです。

霊能がひらいても心の在り方が重要であり、私利私欲、自己本位になりますと、その人を狂わせます。行者の末路の悲惨さは、なによりの証拠です。そうした意味で、どんな霊能でも、自戒と自重を欠くことが出来ませんし、神理にもとづいた生活が、どんな場合でも必要になるわけです。

神理に適った霊能が私たちの周囲におこっており、釈迦、イエスの説いた神理が、極めて自然に語られ、人びとの心を温かく包む現証は、特記すべきことといえます。

ミロク、聖観世音菩薩が指導霊として……

現在、百数十人にのぼる霊能者は、それぞれ自分の過去世を、当時の言葉で語ります。過去世の言葉とは、自分がかつて、インドや中国で生活していたときの言葉です。人間は転生輪廻を続けているのですから、千年前、二千年前の言葉を語ったとしても不思議ではありません。しかし、人間が転生輪廻を続けているという証明は、仏教では説かれていても、事実をもって示すことは、私たちをして、はじめてなし得たものと確信しています。現在、洋の東西を問わず、いろいろな宗教団体が存在しますが、正法を地でゆく宗教が他にあるでしょうか。まず、二つとないでしょう。

いつ、どこで、うぶ声をあげ、出家して、修行し、そうして、弟子たちが何人いて、何を教えてきたかを、こと細かく話します。仏教辞典をひもとくまでもありません。今日辞典は、知と意で書き改められていますから、非常に問題点が多いと思います。さらに、仏教がチベットから中国に渡り、日本にくるまで、仏教の歴史が、いつ、どこで、どう変わっていったかを、私自身にも驚くほどに、その記憶がよみがえってきております。

私が学んだことといえば電気工学ぐらいです。今世では、電気会社を経営し、仏教は未知の世界だったわけです。その私が、現世で学ばなかった仏教に自然にひきずられ、こうした科学的学問が、仏教の裏打ち、証明の材料にすぎなかったとは、皮肉です。神理は、どこから求めても、一つであるということがわかったわけです。そうして、人の過去、現在、未来の三世が、手にとるように理解できるようになりました。

こうして、私たちには、私をはじめ、百数十人の霊能者が輩出し、過去世の言葉を語ります。その言葉は、中国、インド、チベット、イスラエル、エジプト、インカ、イギリス、フランス、ドイツ、ロシヤ、スペインなど、多種多様です。霊能者の大部分は、これらの言葉を、現世では習ったこともなければ学んだこともないのです。それなのに、自在に出てきます。私自身は各国語がわかり、従って、各霊能者と自由に話し合います。また、そうした霊能者は、当時の言葉を、自分でも翻訳し、人びとにもわかるように自分の過去を語ります。それは、まことに楽しいものです。ある者は中国の天台山で経文をあげたことがあり、法華経が中国語で出て参ります。本人自身は、経文を習ったことがないのに、一つの間違いもなく出てくるのです。

また、ある者は、相手の心がわかり、現在、その人が何を考え、何を思っているか、病気があるとすれば、その病名まで指摘します。

霊視も自由です。霊視のきく人は数十人にのぼります。うまいことを言っても、背後に動物霊が憑いているときは、そのことがウソであることがわかってしまいます。普通の人にはウソは言えても、霊能者には、ウソはつけません。

私たちには、こうした霊能者、つまり、釈迦に関係のあった人、イエスの関連の人、モーゼに縁の深い人たちが集まってきています。

たとえば、ウパテッサ（舎利仏）、コリータ（大目蓮）、アナン（阿難）、ピパリヤーナー（マーハー・カシャパー）、ヤサ、スブティー、プルナトラヤ・ヤニプトラー、シュバリダ、アサジ、コースタニヤなど。

また、パウロ、ラフラー、マンチュリアー（文珠）といった人たちも集まってきています。

ミロク菩薩、聖観世音菩薩も指導霊として活躍しています。

両菩薩の説法は、人びとの心にしみ通るように、やさしく、誰にもわかるように話します。末法の世に、人びとに光を当てるべく、その使命を担ってこの世に生をうけ、それは宇宙の神理、それを誤りなく伝えるべく、重大な任務を帯びています。

両菩薩は、いずれも女性です。仏像や仏画のうえでは、女性だか、男性だか、判然としないため、人間が悟りを開くと、中性になるという説明をどこかで聞きましたが、そんなことはありません。男性、女性の区別は、あの世も、かわりません。

いったい、こうしたことが、これまで想像され得たでしょうか。誰しも想像できなかったと思います。だが、現実に、そうしたことがおきているのですから、どうすることも出来ません。ただ、言い得ることは、転生輪廻の法則を知るならば、こうしたことは疑いなく首肯《しゅこう》できるのではないかと思います。

光の天使は神仏の使者

このようにして、人間の生命は転生輪廻を続けており、その事実は、釈迦の正法、つまり、宇宙の神理を理解すること、それに従って生きることによって証明されてきているのです。過去の言葉を語る……。この事実は、他の宗教にはみられぬ現象であろうと思います。そればかりか、神理にふれることにより、いくたの奇蹟が相次いで起こっています。病気回復、事業の好転、不和だった家庭内が明るくなったなど、その数は枚挙にいとまがありません。

本来こうした現象利益というものは、神理に適った生活を送るならば、一つの随伴現象として、具体化されるものです。

なぜかといいますと、釈迦の正法は、宇宙の法則に適っているからです。人の一念は岩をも通すで、その一念が正しく使われれば、その一念力は、正しく、その人に返ってきます。もしも、正しくない一念力を燃せば、同様にその人に返り、その人の心身、環境を悪くすることになります。正しいか、正しくないかは、ウソのつけない自分の心に問うてみることです。自分の心は中道であり、公平ですから、良い悪いは、すぐ答えが出るはずです。

動物霊信仰でも、奇蹟はあるでしょう。彼らにもそれぐらいのことは出来ます。ところが、前にも述べたように、動物霊は、しょせんは動物であり、神理は説けません。ヘビの獰猛《どうもう》さ、キツネのずるさを想像してみて下さい。ヘビやキツネに、慈悲とか愛がわかりますか。まことしやかに人間をだましますが、もともと、本能のままに生かされているものですから、こうしたものが人間に憑くと、いっときは利益を与えても、ある程度時間がたつと本性を現わし、人間を食いものにしていきます。熱心な信者ほど病気をしたり、家の中がうまくゆかなかったりするのも、そのためです。

一般的にいって、教団の教祖、熱心な信者の状態をよく観察することです。動物霊が憑いている場合は、顔色が悪い、病気が絶えない、人を非難する、人をおどかす、自己本位、エリート意識が強い、比較の観念にとらわれる、我が強い、感情的、欲望的、愛がない、計算高い、無理を言う、などです。

また、教団によっては動物霊以外に、阿修羅《アスラー》が憑く場合もあります。このときは、戦闘的、排他的、一本調子、他をかえりみない、などです。

いずれも、言うことはふるっています。けれども、日々のその人たちの言葉、行動を観察すれば、おのずとハッキリ認識されてまいります。

また、霊能者といわれる人たちは、いろいろなものを当てたり、予言をしますが、こういう場合も、動物霊が背後に憑いている場合が多いのです。動物霊は、現象界に非常に執着をもっていますから、神理がアイマイだったり、あるいは全然説けず、占いに熱中している場合など、すべて動物霊の仕業とみて差支えありません。何々の神、何々の命《ミコト》というようなことをしゃべるようなら、これは間違いなく動物霊です。神仏そのものが、人間の体に乗り移ることはありません。なぜなら、神仏は、法そのものであり、慈悲と愛だからです。

如来、菩薩といわれる方々は、そうした神仏の法を説くために、この地上に、神の使者として生をうけたのですから、光の天使であっても、神仏そのものではありません。この辺のことが、これまで混同されていたようです。

動物霊や魔王でも、奇蹟をおこしたり、病気を治したりしますが、これと、神理に適った生活の随伴現象として起こってくる奇蹟とは、おのずとその内容を異にしており、第一、その永続性、心身の安らぎという点で、まったく、異質であることを知っていただきたいと思います。

循環の法則は宇宙の神理

それではいったい、釈迦の正法神理とはどういうものか、どういう内容を伴なったものかを説明いたしましょう。

正法とは、読んで字の如く、正しい法、法則、自然の摂理、かわりない宇宙の循環をいうのです。かわりない宇宙の循環とは、太陽の周りを自転公転する地球のかわりない運動、そして、その運動の過程において発生する春夏秋冬の循環があるように、人生にも春と秋があります。すなわち、かわりない循環があるわけです。

こうしたかわりない循環が続けられるということは、その循環を、循環たらしめているところの意思、エネルギーがなければなりません。この意思、意識、エネルギーこそ、大宇宙の生命、本体です。

これこそが神仏の実体であります。そうして、その意識、エネルギーは、法則そのものであると同時に、慈悲と愛に満ち満ちたものなのです。

もしも、この世に、太陽がないとすれば、私たちは生きてはゆけません。太陽の熱、光のおかげで生きてゆかれるのです。万物を育む太陽は、法則のままに、何万、何千万年と熱、光を放射し続けています。その恩恵によってこそ、万物は生きてゆかれるのです。ですから、法則は、そのまま、慈悲と愛である、といえるわけです。

人間を称して、小宇宙といいます。なぜ、小宇宙かといえば、人間そのものは大宇宙とつながっており、大宇宙の縮図であるからです。

まず、人体についてみますと、人体は、約六〇兆からの細胞からなりたっています。そうして、心臓、肝臓などの各諸器官は、それぞれ、特有な細胞集団によって形成されています。したがって、心臓が肝臓になったり、肝臓が心臓になることは出来ないのです。地球は地球であり、火星は火星としての特質をもって、太陽系に依存しているのと同じです。そうして、各諸器官が、よく調和統一されることによって、人間それ自身の生活を可能にしているのです。ですから、各諸器官がひとつでも欠けたり、痛んだりすれば、人間の五体は、全体的に、その機能を弱めることになります。

しかも、人間の五体は、血液の万遍ない循環によって保たれています。心臓から出された新しい血液は、体のすみずみまでゆきわたり、各諸器官を動かし、ふたたび、心臓に返ってきます。そうして、また、心臓から排出されてゆきます。

太陽の周囲を、九つの惑星が、円を描きながら、循環の法則にしたがってまわっています。そうしてその法則を続けることによって、各惑星は、惑星としての役目を果たし、太陽系を形成しています。

太陽系を人体にみたてると、人体と太陽系は、実によく似ていることがわかります。地球や火星の円運動が可能なのも、太陽があるからであり、太陽の熱、光がなければ、こうした円運動、生命の躍動は停止してしまうでしょう。

人体各部の諸器官が、その機能を果たせるのも、かわりない心臓の働き、血液の循環によってであり、心臓が停止すれば、各諸器官は機能を止めてしまいます。

しかし、人間の心そのものは、宇宙の意識につながっているのですから、太陽系よりも大きく、宇宙大に広がっていることを忘れてはなりません。

いずれにしても、太陽系にしろ、人体にしろ、その機能を調和させているものは何かといいますと、それは大宇宙を支配しているところの意識、エネルギーであり、人間においては、生命エネルギーなのです。その生命エネルギーは、大宇宙意識に通じており、人間が、神の子、仏の子といわれる理由も、ここにあるのです。

その生命エネルギー、意識の中心が、心であり、ウソのつけない、心です。その心が、人体各部を調和統一させ、五体を維持させていきます。血液の流れも、胃腸の働きも、すべて、人間の意識、生命エネルギーである心が指令していることを忘れてはなりません。ですから、人間が感情的になったり、怒ったり、悲観したりしますと、体のどこかに、支障をきたします。胃腸などはとりわけ敏感ですから、その働きを弱めることになります。病は気からとは、この辺の、人間の心の在り方を伝えたものです。

生命エネルギーの補給は、夜の睡眠です。肉体的エネルギーは、動物、植物、鉱物のエネルギーからとります。

このように人間の五体は、正法に適った循環の法則に従って、維持されていることがわかります。それゆえ、その法則にそった生き方をしていれば、健康は維持され、神仏の恵みも、自然のうちにうけられることになります。祈ればいい、拝めば、何事もうまくゆくといったものではないことがおわかりになったと思います。祈りは、感謝です。感謝の心は行為になって現われなければ、信仰とはいえません。

イエスも言っています。

「汝信仰あり、我行為あり」と。

苦しみの原因は生老病死

ところが、人間には、五官というものがあります。眼、耳、鼻、舌、身、それに、自己保存をつくり出す意です。知情意の意です。こうした、六根が、いろいろな作用を、人間に及ぼし、心をまどわすものですから、人間の歴史は闘争をくりかえし、暗く、苦悩の多いものになってきているのです。

しかし、五官というものは、肉体を保全維持するためには欠くことが出来ません。目もない、鼻もないとすればどうなるでしょうか。歩行は不自由ですし、鼻がなければ、顔はノッペラ棒になります。だいいち、呼吸すら出来ません。問題は、これらの五官が、意につながり、勝手な行動をとるから困るのです。眼の作用のみで、美しい人を見て心を動かしたとすれば、その人に妻子があれば、妻子を不幸にし、その美しい人にも、暗い思いをさせることになります。家庭不和、事業不振を招くことにもなるでしょう。

人を愛するとは、こうした眼の作用によるものではないのです。

愛とは、もともと相手を生かすことであり、相手の幸せを願う心です。

聖書の山上の垂訓を思い出して下さい。

「幸福なるかな、心の貧しき者。天国はその人のものなり。幸福なるかな、悲しむ者。その人は慰められん。幸福なるかな、柔和なる者。その人は地を嗣《つ》がん……」

これはどういう意味かといいますと、心の貧しきとは、おごる心のない者。悲しむとは、物質にほんろうされない者。柔和とは心のおだやかなことなのです。

神の愛とは、こうしたもので、眼の作用のみで美しい人に思いをかけるというような欲望とは、本質的にちがうのです。

このように、五官、六根が、人間をして、心の在り方を失わしめる作用を持っていますが、その根本原因は、人間の生老病死であります。人間はどこからきて、どこへゆくのか、病気はどうしておきるのか、人間はなぜ、年をとるのかがわからないために、五官に頼る生活に堕ちてしまうのです。

どうせ人間は死ぬのだから、せいぜい生きている間に、うまいものを食べて、楽しく暮らさなければ損だという考え方が、大方の人びとの心を支配してしまい、本能のまま、五官の作用にひきずられて一生を終るというのが、大半の人生航路ではないでしょうか。

ところが、人間の生命には、宇宙の循環の法則が厳然として適用されており、この世が終れば、あの世で生活する、あの世の生活が一段落すると、この世に再生してきます。そうした繰り返しを続け、やがて、地球上での使命を終え、他の天体に、生命を運んでゆくものです。これは、本人が自覚するしないにかかわらず、循環の法則は、人間の生命にも適用されているからなのです。

そうだとすれば、人間は、この事実をはっきりと認め、同じところを堂々めぐりするよりも、少しでも、自由に、創造的に、のびのびと、生きられる自分を見出すべきでしょう。

無自覚、無神論者、あるいは欲望のままに生きた者は、あの世にいくと地獄に堕ちます。ガンで死んだ者は、その苦しみを持ったまま、地獄で苦しみます。人をそしったり、怒ったりした者は、火炎地獄で身を焼かれます。動物霊に支配されたものは、自分が動物のような意識となり、生と死の間を、常にさまよい歩かなければなりません。

しかし、天国もあります。空気は新鮮で、まわりの人たちは理解があって、常に助け合うことを誇りにしていますから、実に、楽しいところです。

現世は、地獄と天国が入りまじった世界です。けれどもあの世は、地獄は地獄、天国は天国に分けられています。その区分けは各人の光子量、つまり心のあり方いかんで決まります。あの世はこの世のようなわけにはいきません。この世はいわば平地です。あの世はビルの建物と同じです。一階、二階、三階、四階とあり、一階から二階にゆくには、階段を一歩一歩のぼらなければ上にはゆけません。一階と二階はコンクリートの壁でさえぎられ、呼んでも騒いでも聞こえません。しかし、あの世の場合は、下から上をみることは出来ませんが、上から下をのぞくことは可能なのです。このように、区画が厳として決められています。

このようにして、生命の転生輪廻は、否応もなく天命づけられているのですから、どうしようもありません。

人間の生命は、この地上を調和させ、仏国土、ユートピアをつくることが目的ですから、それから離れた行動をとれば離れた分量だけ、自分を苦しめる結果となります。これはなぜかといいますと、人間は神の子、仏の子であり、心も肉体も小宇宙をなしているからです。

八正道こそ正覚、菩薩への道

そこで各人が、その自覚に立って、五官に左右されない自分自身を確立するにはどうすればよいか、ということになりますが、それには、宇宙の神理である釈迦の正法、八正道を、日々の生活に行じることしかありません。（拙著『心の原点』『心の指針』『人間・釈迦』を併読して下さい）

ウソのつけない己の心に問う、聞く、の生活。つまり正しく、見る、思う、語る、仕事をする、生活する、道に精進する、念ずる、瞑想する、の八つです。瞑想とは反省です。一日をふりかえって、己の心に問う、聞くことです。そうして、人をそしった原因は何か、怒った理由はどこにあったか、を反省するのです。すると、自分をかばう心があった、自分のみをいたわる心が強かったということになり、自己保存のむなしさがわかってくるはずです。

八正道については、いろいろな意見があるようです。

たとえば八正道は小乗仏教で、自分一個の悟りであって、現代には通用しない。現代は人を救ってこそ、己も救われる。すなわち、大乗仏教こそ、本筋だという論理です。

しかし、いったい、小乗とか、大乗は、誰が定めたのでしょう。小乗のはしりは、普《フ》賢《ゲン》であり、大乗は竜樹《リュージュ》が考えたようです。時代の流れとともに、仏教の考え方もかわったものです。ところが、正法そのもの、つまり宇宙の神理は、今も昔もかわりません。法が変わるものであったらおかしい。それは法ではありません。

そこで、正法の筋道は、さきほどの人体ではありませんが、まず、己自身を神仏の心に調和させることです。己が調和せずして、どうして、人を調和させることが出来ましょう。まず、これが先決です。そうして、人びとを救うことです。これを菩薩行といいます。

人間の目的が、この地上界に仏国土、ユートピアをつくることにあるのですから、自分さえ悟ればよいというものではありません。人びとにもその福音を伝える、愛の手をさしのべることであります。

それですから八正道には小乗も大乗もないのです。八正道は自分一個の悟りですが、悟りを開けば、進んで、外に出るべきが本筋であり、だいいち、それが人間の仏性でしょう。小乗、大乗にこだわること自体、仏法は末法と化したといっても過言ではありません。仏教がこのようになったのも、もとはといえば、我こそは仏教の本山なりとする、関係者の自己保存の現われでなくて、何なのでありましょう。

現代社会は混迷の時代です。科学時代といいながら、人間の心は、宙に浮いています。心不在です。それは、物質文明がつくり出した五官のみの生活であるからです。物質文明の知恵は、五官から生まれ、精神文明の智慧は「心」から生まれるものです。五官のみの生活から、私たちは、心をとり戻さなければなりません。

神理は、今も昔も活きています。脈々と波打ち、息づいています。なぜなら、人間それ自身、本来、正法そのものであるからです。

私たちのグループは、人間をして、人間らしく生きる道、そうしてその道標を、ふたたび、人類の頭上に打ち立てるべく生まれたものです。心不在という末法の世に、神の光を照らす灯台の役を、実在界から命じられたものです。

文証とは、心、宇宙の根源、原理そのものであり、それを普遍的な論理で論証することをいいます。理証とは、心によって生ずる宇宙の法則を科学的に証明することをいいます。現証とは、心と法が形の上に現われることであり、従って、文と理の現実的証明ということがいえましょう。

この三つの証明のないもの、証明のできないものは、正法とはいえないのです。

私たちは、この三つの証明をすでに行ってきていますが、さらに、より多くの事実を、真実を、皆さまの前に、いろいろな方法で明らかにしてゆくことでしょう。

ひとりでも多くの方々が、釈迦の正法、イエスの愛、己の心を信ずる真の信心、そして、その心を心とする、努力と、反省と、瞑想の生活にめざめ、神理を体得されることを望んでやみません。

第五章　用語解説

【用語解説】

循環――この世の一切のもの（精神も含め）は、グルグルと円運動を描いています。地球の自転公転、これにもとづく昼夜の別、四季の移り変わり。またあらゆる物質も、質量不滅の法則にしたがい、循環を続けています。人の魂も同じように、転生を輪廻し続けています。循環のない物質、精神というものはありません。このように、循環の法というものを理解すると、人は正しく生きなければならないということが自覚されて来ます。

信心――信心とは己の正しい心を信ずることで、ペーパーの神や偶像を崇めることではありません。人の心の中には、己を守り、指導してくれている守護・指導霊が存在します。正しく、素直な心になりますと、守護・指導霊が示唆を与え、過失《あやまち》の少ない人生を送れるようになります。反対に、自己保存、足ることを知らぬ欲望に心が揺れて来ますと、本人に指示を与えることが出来ず、さまざまな不幸が本人を襲うことになります。

信仰――善なる心にしたがって、正しい生活を送ることを信仰といいます。ところが現実は偶像崇拝が人びとの心を占め、マンダラや、お経を読誦したり、祈ることが信仰だとみられていますが、大変な間違いです。なぜかといいますと、人の心の中には守護・指導霊がいて、その人を守り、指導しており、そうしてその善なる心を信じた自力の生活が可能であるように人間はつくられているからです。ものを創造する、広く自由な心を所有できるのは、人間をおいてほかになく、動物、植物には与えられていません。天国と地獄をつくり出す者は人間であり、動物植物には、その能力はないのです。この点を理解すると、信仰の在り方が明らかとなり、他力はその善なる心と創造と自由な機能を放棄することになり、人間失格を意味することがおわかりになると思います。

五官――五官とは眼・耳・鼻・舌・身の五つ。これらの機能が人間にはそなわっていますが、これに心が翻弄されると、自分を失って行きます。五官を通して、より広く豊かな心をつくり出してゆくのが、この世の私たちの生活行為です。五官にまどわされず、五官を超えて行くよう心がけたいものです。

止観――文字通り、とどまって見ることです。正しい止観は、正法という八正道を尺度に反省することであり、反省と実践によって、人ははじめて前進することが出来ます。

念力――念はエネルギーです。大宇宙は神の意によって創造され、地上の必要物（衣食住など）は、人間の念によってつくられました。思う、考える、念ずることがなければ、これらのモノを作り出すことはできないでしょう。念は単なるエネルギーですから、善にも悪にも通用し、そして、循環の法が働いています。このため、善（博愛）には善が、悪（我欲）には悪がハネ返って来ます。念は正しく使ってこそ生きてくるものです。

彼岸――悟りの境涯をいいます。最終の彼岸は釈迦が到達した宇宙即我です。

潜在意識――人の意識は表面意識と潜在意識に分かれており、通常は表面意識の一〇％程度しか働いていません。九〇％以上は潜在意識として潜在され、このため、ものを理解する度合が遅くなります。潜在意識を開発したことを〝心の窓がひらく〟といい、〝意識の同通〟〝霊道〟ともいっています。詳しくは本書姉妹篇の『心の指針』『心の原点』を併読して下さい。

煩悩——煩悩とは執着の想いをいいます。執着が強くなると周囲のことが目に入らず、正しい判断ができなくなります。心が狭くなり、健康、仕事、交友、環境などの関係が行き詰まり、窮地に陥ります。煩悩は五官へのこだわりによってつくられますので、五官本位の考えを改め、常に反省と正道の生活を送ることです。

因果応報——これは宇宙の原理です。すべてのものは循環するので、善悪の因縁因果は常について回ります。では救いとか、自由というものはどうなるのか、因果の循環の中では起こりようがないと思われますが、事実その通りなのです。そこで解脱とか、自由というものは、かつてつくり出した因果の循環から離れることをいいます。そして進んで、善因善果をつくるべく心掛けることです。解脱とは、煩悩による執着の想いから離れ、中道による正しい生活をすることです。とらわれのない自由な心に帰ると、かつてつくった因縁の業（カルマ）によって、仮に病気になったとしても、その苦痛はずっと少なく、苦痛の中に心まで埋没することはないのです。人間の救いとは、こうしたカルマ、因縁から心を離すことなのです。

悪――悪とは自己保存をいいます。人はどうでも自分さえよければよいという想いが、自己保存をつくり出します。善はこの反対で、自己保存の我欲から離れ、人びとと和合の生活をめざすものです。自己保存が強くなると、怒り、ぐち、足ることを知らぬ欲望、そねみ、自己満足、自己嫌悪、怠惰、うらみ、ねたみといった表面的な感情想念に支配され、家庭や社会の混乱の原因になって来ます。

動物霊――あの世にいる動物たちの霊のことです。主にヘビ、キツネなどが人間社会に割り込み、さまざまな悪現象をおこします。

憑依――人の心が悪に支配され、動物のように、本能、感情のみに支配されてくると、こうした動物霊が近づき、人の意識を占領し、二重、三重人格をつくっていきます。また、地獄に堕ちた地獄霊も憑依します。怒りっぽい、ぐちっぽい、衝動的な性格者、自閉症、ノイローゼなど、分裂気味の人は大抵、憑依されています。憑依から抜け出すには、心が平静なときにその苦しみの原因を取り除く努力が必要です。執着にかたまった心をほぐすには、肉体的な運動も効果があります。

実在界――あの世のこと。この世は現象界といいます。現象界は映画のスクリーンであり、映写機は実在界あの世にあるわけです。現象界は無常であり、新陳代謝をくりかえす不安定な場ですが、実在界は心の世界であるため、必要と想う物は、千年、二千年経っても消えてなくなりませんし、年もとりません。こういうわけで実在界というのです。

霊道――一般的には霊能、あるいは霊道と呼んでいるようです。霊道とは文字通り霊の道がひらくことで、芸術家などの中に、割合多くみられ、天才などは霊道をひらいている人がほとんどです。霊道がひらくと透視力とか幽体離脱、人の心を見抜く、物品引き寄せ、物質化現象など、超自然現象が人に応じて可能になります。これらは、その人が行うというより、その人の背後で手助けしている霊がおり、その霊が、その人の目的意識に合わせて行うわけです。その人が全然それを望まないのに、そうした、超自然現象が起きることもありますが、そういうことは少ないものです。なぜかというと、あの世の霊は霊道者の心に合わせて行うからです。ただし、霊道者が、仮に、万年筆の物質化現象を望んだのにボールペンに変化することはあります。また目的に対して時間的なズレがあったり、希望はしないが、恐怖心や、心のさまざまな動きが現象化することもあります。霊道は過去世でその道に修行した人が大部分ですが、修行しない人が霊道をひらくと、分裂症に陥り、変人になったりします。やたらと滝に打たれたりして、霊道を求めることは、こういう意味で、非常に危険です。

先祖――先祖には肉体先祖と魂の先祖があり、普通は肉体先祖を指していますが、本当はこれは間違いです。魂の先祖こそ、その人の過去世であり、先祖に劣らぬ自分をつくることが、この世に出生した目的です。大抵、過去世の自分はわかりませんが、現在の自分は、過去世からの集約された自分ですから、現在の長所を伸ばし短所を長所にかえる努力が大事です。そして、博愛の行為をなすことが肉体先祖への大きな供養となります。

意識の同通――意識が通じ合うことをいいます。たとえば、怒りの想念に支配された人は、あの世の怒りに燃える世界に通じ、修羅の人は修羅界に、動物的本能に翻弄された人は畜生界に通じます。人の心は一念三千であり、思うところに針が動くので、悪の想念を抱かぬようにしたいものです。

行――行というと、特別の修行とか修養を連想しますが、本来は、生活行為そのものを行というのです。行とは、行為です。その行為が正道に適うことが人間の在り方です。

六根――五官（眼、耳、鼻、舌、身）にふりまわされた心をいいます。つまり、五官でものを感じ、思う、考えるのは各人の意です。この意が五官中心に動いてくると、ものの真実が不明になってくるのです。煩悩とは、五官を通じておこるさまざまな執着であり、執着のままで毎日をすごすと心が狭くなり、ものの是非判断がつかなくなって、争いの原因になって来ます。

五官は肉体ですが、各人の意は心の領域なので、この区別をはっきりする必要があります。人間は心と肉体から出来ており、心は、光子体という、肉体細胞とは別の組織からできています。光子体で死後の生活をしますので、五官（肉体）にとらわれた光子体は、あの世でどうなるでしょうか。あの世はこの世とちがっており、思うことがすぐ現われてくる世界ですから、肉体への執着からくる我欲に支配されてきますと、我欲の世界に堕ち、自分中心の争いの世界で苦しむことになります。ですから、常に、五官にほんろうされた心にならないように、つまり六根という煩悩をつくらないようにしたいものです。

高橋佳子 著作集

自分を知る力 ――「暗示の帽子」の謎を解く
自分を知ることは人生最強の力。心のタイプがわかる「自己診断チャート」とともに、その力の育み方を解説。
四六判並製　定価（本体 1,800 円＋税）

最高の人生のつくり方 ―― グレートカオスの秘密
「最高の力の源泉」を引き出す方法を伝授。「そんな道があったのか！？」と誰をも唸らせる驚きに満ちた本。
四六判並製　定価（本体 1,759 円＋税）

あなたがそこで生きる理由 ―― 人生の使命の見つけ方
「なぜ私はここにいるのだろう？」その謎を解くと、あなただけが果たせる使命が見えてくる！
四六判並製　定価（本体 1,667 円＋税）

運命の逆転 ―― 奇跡は１つの選択から始まった
運命はどうにもならない。あなたは、そう思っていませんか？　しかし、運命は根こそぎ変えることができます。その「力」と「法則」をあなたに――。
四六判並製　定価（1,667 円＋税）

未来は変えられる！ ―― 試練に強くなる「カオス発想術」
思い出したくない過去を乗り越え、未来を変える方法を伝授。実際に未来を変えた４人の奇跡のノンフィクションが人生の解答を与える。
四六判並製　定価（1,500 円＋税）

魂主義という生き方 ―― 5つの自分革命が仕事と人生を変える
「何が起こっても揺るがない。強く、深く、悠々と生きる」。5 人のリアルな実践の物語によって、すべてを「条件」として生きる新しい生き方を提唱する。
四六判並製　定価（本体 1,800 円 ＋ 税）

１億総自己ベストの時代 ―― 人生の仕事の見つけ方
5 人の真実の物語と共に、「私はこのために生まれてきた」と思える人生の仕事＝ミッションワークの探し方を解説。
四六判並製　定価（本体1,800 円＋税）

12の菩提心 ―― 魂が最高に輝く生き方
「月」「火」「空」「山」「稲穂」「泉」「川」「大地」「観音」「風」「海」「太陽」。12の菩提心をイメージし、エネルギッシュで慈しみと包容力に満ちた自分を取り戻す。
四六判並製　定価（本体1,800 円＋税）

新・祈りのみち ―― 至高の対話のために
音楽を聴くように、「ことば」のリズムに合わせるだけで本当の自分をとりもどす新しいライフスタイルブック。40 万人に読み継がれているロングセラー。
小Ｂ６サイズ上製　定価（本体 2,381 円＋税）

心眼を開く　あなたの明日への指針

昭和49年1月5日 第1版 第1刷発行

新装改訂版
平成25年8月12日 第6版 第1刷発行
令和 2 年6月23日 第6版 第3刷発行

著　者　　高橋信次
発行者　　仲澤　敏
発行所　　三宝出版株式会社
〒111-0034 東京都台東区雷門 2-3-10
TEL.03-5828-0600（代） FAX.03-5828-0607
https://www.sampoh.co.jp/
ISBN978－4－87928－087－9
印刷所　　株式会社アクティブ

写　真　　岩村秀郷
装　丁　　今井宏明